阅读合伙人

何子静 /著

改善亲子关系的共读法

机械工业出版社
CHINA MACHINE PRESS

本书从为什么强调亲子共读，如何通过亲子共读建立良好的亲子关系，亲子共读还可以辅助解决哪些育儿难题这三个方面帮助父母重新认识亲子共读的重要性、作用以及在改善亲子关系方面的意义。全书将儿童阅读方面的研究和家庭共读的案例很好地结合起来，倡导"共读就是最好的陪伴"，同时还给出了很多养育建议，帮助父母通过亲子共读更好地养育孩子。

图书在版编目（CIP）数据

阅读合伙人：改善亲子关系的共读法／何子静著.
—北京：机械工业出版社，2020.6
ISBN 978-7-111-65025-6

Ⅰ.①阅… Ⅱ.①何… Ⅲ.①亲子教育—家庭教育—阅读辅导 Ⅳ.①G781

中国版本图书馆CIP数据核字（2020）第041544号

机械工业出版社（北京市百万庄大街22号 邮政编码100037）
策划编辑：刘文蕾　　　责任编辑：刘文蕾
责任校对：王丽静　　　责任印制：孙　炜
中教科（保定）印刷股份有限公司印刷

2020年5月第1版·第1次印刷
165mm×235mm·15.5印张·176千字
标准书号：ISBN 978-7-111-65025-6
定价：49.80元

电话服务　　　　　　　　　网络服务
客服电话：010-88361066　　机　工　官　网：www.cmpbook.com
　　　　　010-88379833　　机　工　官　博：weibo.com/cmp1952
　　　　　010-68326294　　金　书　网：www.golden-book.com
封底无防伪标均为盗版　　　机工教育服务网：www.cmpedu.com

自　序

阅读是一个人终生的好朋友，能带来知识的熏陶与滋养。同时，阅读也是一个人自主学习的基本方式。国家在教改中把语文提升到了核心地位，开启了"大语文时代"。教育部统编语文教材总主编提出："语文高考最后要实现让15%的人做不完。"这些都在提示我们，未来的学习、工作和生活都会要求孩子拥有较强的阅读能力。然而，阅读能力的提升需要日积月累的水磨工夫，若没有长期坚持不可能一蹴而就。很多家庭往往等到孩子在语文学习遇到困扰之后才为阅读能力而发愁，殊不知真正的阅读能力提升的黄金时期早在上学之前就已经开始了。

引导孩子早早接触阅读需要使用适合的工具。图文紧密结合的绘本可以让年龄很小的孩子和家长一起享受阅读的快乐。阅读不是仅仅依靠学校老师的指导才能开展，也不必等待孩子们开始接触课本或作业后才进行，家长完全可以尝试和孩子一起开启亲子共读之旅。

其实，绘本对于新一代家长而言并不陌生。绘本17世纪诞生于欧洲。捷克著名教育家夸美纽斯在1658年编写的《世界图解》，被公认为历史上第一本真正意义上的绘本。到20世纪30年代，绘本从欧洲普及到美国，开启了绘本发展的黄金时代。从20世纪50年代开始，绘本在韩国、日本兴起，并于20世纪70年代在中国台湾引起阅读的热潮。绘本在中国大陆市场出现得比较晚，直至21世纪初才逐渐成为亲子共读的主要选择。

我之前出版了一本以"家庭绘本教育"为主题的图书，应该是国内较早强调把儿童心理学运用到亲子共读的家庭教育著作，受到读者的好评，我也收到不少家长的提问，他们希望了解如何通过亲子共读解决一些育儿中的难题。于是，我专门针对亲子共读中的技巧编写了现在这本书。这本书的很多技巧都来自于我在儿童心理发展领域近二十年的教育科研工作经验。我非常荣幸能够先后在北京大学和美国的伊利诺伊大学接受了专业而系统的训练，在这里我要特别感谢我的导师——北京大学的苏彦捷教授和伊利诺伊大学的Renee Baillargeon教授。正是她们的引领，让我进入了儿童心理学这一美妙的学术天地。

随着我国经济水平的提高和二胎政策的逐步放开，人们对于儿童早期的心理健康状态越来越重视。家长和教育工作者希望通过有效的亲子共读活动，改善孩子的心理状态。这本书立足于当前的家庭教育需求，结合科学的儿童心理学知识和本人自身的育儿体验，通过大量亲子共读中的具体案例，把实用性强的亲子共读技巧，以通俗易懂的方式展现给读者。

人们对亲子共读常有一个误解，以为孩子年纪太小，还谈不上阅读。其实婴幼儿的认知能力远超我们的预计。我在美国的导师Baillargeon教授，是婴幼儿心理学的先驱之一，她的研究发现儿童的认知能力远远超出人们的认识。她的研究在儿童发展研究学会（SRCD）

的调查中被评为"自1950年以来最具革命性的前20项儿童心理研究之一"。虽然孩子的表达能力还不是很完善,但是孩子已经能够借助绘本中的图画、文字,在家长的引导下理解绘本的丰富内涵。在孩子的语言发展中,语言输入永远要早于他们的输出。亲子共读正是在给孩子提供丰富的语言输入。

亲子共读并没有年龄限制,宜早不宜迟。对于年龄很小的婴儿,绘本里生动的图画和富有韵律感的文字,很容易吸引他们的注意力。但随着孩子一天天长大,吸引孩子注意力的难度会增大。对亲子共读的图书选择就越来越有挑战性。这时,故事情节性比较强的书往往是有吸引力的。等孩子再大一些,家长可能就会有点不耐烦,或者孩子变得不耐烦了。有些家长会问:"究竟孩子多大时,应该停止给孩子读绘本?"其实,无论书里是否有许多图画,只要故事本身有吸引力,都是适合阅读的。另外,就像在美术馆里展出的画一样,并不会因为画下面缺乏文字说明而失去魅力,画面本身就是富于内涵的。所以,年纪稍大的孩子甚至成年人也是适合阅读绘本的,只要这个绘本是富有启发性的。有些孩子从上小学开始,父母就不再跟他们经常读故事,不再把阅读当成是一种消遣。看书成为一种应付作业或考试的让人疲惫的事情。这可能是影响孩子阅读积极性的重要原因之一。

本书能顺利出版要感谢我亲爱的家人,感谢他们给我的支持和陪伴,感谢机械工业出版社的刘文蕾、张清宇等编辑为这本书的出版所做的工作,也感谢其他所有在此书出版过程中给予帮助的朋友们。

本书的出版受到以下多个项目资助:教育部"新世纪优秀人才支持计划"(NCET-13-0609)、国家自然科学基金(31200763;31200764)、教育部人文社会科学研究青年基金（12YJC190011）、广东高校优秀青年创新人才培养计划（2012WYM_0006）、教育部留学回国人员科研启动基金以及广州市合生元营养与护理研究院母婴营养与护理基金（2017BINCMCF51）。

  最后还想特别感谢我的孩子，在数年如一日的亲子共读中，孩子成长中的奇妙和伟大常常感动着我，并激发了我写作此书的灵感。谨以此书献给我的孩子，以及所有正在成长的孩子们。

何子静
于中山大学

目 录 Contents

自 序

第一篇　为什么要强调亲子共读？

第一章
建立和谐的亲子关系

01　以关系为导向的共读 ... 004
02　用共读强化安全基地 ... 009

第二章
应对成长中的挑战

01　提升应对挑战的能力 ... 017
02　提供释放情感的渠道 ... 022

第二篇　解决养育难题的亲子共读方法

第三章
通过亲子共读正视孩子胆小自卑的问题

01　引导正面归因 ... 032
02　培养积极情绪 ... 038
03　增强自我效能感 ... 043
04　探索自身优势 ... 050
05　实现系统脱敏 ... 055

第四章
通过亲子共读缓解
孩子的多动问题

01　保持内心安宁 ... 063
02　培养专注力 ... 069
03　体验"工作"状态 ... 074
04　锻炼"执行功能" ... 080
05　强调动静结合 ... 085

第五章
通过亲子共读帮助
叛逆好胜的孩子

01　培养"真正的自信" ... 093
02　提供均衡的"关系菜单" ... 098
03　培养孩子的社会责任感 ... 102
04　增加有效沟通 ... 108
05　走出社交误区 ... 113

第六章
通过亲子共读防止
孩子沉迷电子产品

01　充实家庭生活 ... 122
02　消除孤独感 ... 126
03　促进深度学习 ... 132
04　激发孩子内心的梦想 ... 136
05　建立亲子契约 ... 141

第七章
通过亲子共读解决孩子太乖、
缺乏个性的问题

01　结合自然教育的阅读 ... 148
02　用阅读提高想象力 ... 153
03　进行艺术启蒙 ... 158
04　支持自由表达 ... 164
05　减少孩子的挫败感 ... 168

第三篇 亲子共读的进阶技巧

第八章
以"共读合伙人"的身份
发起亲子共读

01 善用正念沉着法 ... 179
02 培养良好的阅读状态 ... 184
03 坚持个性化教育 ... 189

第九章
以游戏化的形式
丰富亲子共读

01 点燃阅读兴趣 ... 197
02 打破情感僵局 ... 203
03 协助设置边界 ... 207

第十章
以戏剧化的表达
深化亲子共读

01 使用心理状态类语言 ... 215
02 亲子共同叙述 ... 219
03 鼓励创造性演绎 ... 225

附录 解决常见育儿难题的书单

第一篇

为什么要强调亲子共读？

第一章
建立和谐的亲子关系

在一个多世纪以前,美国著名作家马克·吐温在回首他自己的人生时写道:"时光荏苒,生命短暂。用时间去爱吧,哪怕只有一瞬间,也不要辜负。美好人生,从良好的人际关系开始。"亲子关系作为孩子生命中第一种也可能是最重要的一种人际关系,对孩子的一生将产生重要的影响。亲子共读是亲子关系中的一个剪影,亲子共读的质量体现了亲子之间的亲疏关系。家长也可以借助亲子共读这个契机,把亲子互动朝良性发展方向推动,最终把亲子共读变成亲子之间亲密和欢乐的特别时光。

在进行亲子共读时,家长可能会遇到各种各样的障碍,不但降低了亲子共读的质量,也破坏了亲子关系,所以需要家长重视。

下面是一些常见的亲子共读障碍:

1. 孩子坐不住,跑来跑去,无法和家长共读完一本书。
2. 孩子对绘本一直提问,打断共读的节奏。
3. 孩子觉得绘本里的内容过于逼真或主题过于沉重,引发了强烈的负面情绪,比如恐惧、悲伤。

4. 孩子想自己看绘本，不愿意家长干涉自己阅读的过程。

5. 孩子只想拿着绘本拍打或者撕书，家长非常生气。

6. 家长精心给孩子选购了一本新书，但是孩子一定要再读他之前已经读过很多遍的那本书。

7. 家长本来计划通过读绘本教给孩子某个道理，但是孩子却着迷于绘本中的一个无关紧要的小细节（比如主角裙子上的蝴蝶结），老要翻回那一页，想和家长反复讨论那个细节。

8. 家长觉得孩子对绘本没有什么反应，认为孩子没有理解绘本的内容，感到很沮丧。

9. 家长下班回家较晚，等到和孩子一起读绘本的时候，家长和孩子都已经很疲惫。

这些亲子共读的障碍往往体现了孩子的一些心理与行为特点，而在本质上又反映了亲子关系的质量。因此我们将以关系为导向来探讨亲子共读中的问题。

01 以关系为导向的共读

 摈弃以父母为导向或以孩子为导向的亲子共读

关于养育方法的讨论,主要可以概括为三类观点:以父母为导向,以孩子为导向,以及以亲子关系为导向。

第一类是**以父母为导向**的养育方法,主要关注点在于控制孩子,希望把孩子管教成为家长希望的样子。对于这种方法,很多新一代家长会觉得太专制、太传统了。

第二类是**以孩子为导向**的养育方法,认为如果事情没有按照孩子的意愿来发展,孩子就无法接受。这类观点认为孩子总是需要安抚或悉心照料的,要确保孩子避免受到"创伤"。但事实上,孩子并没有那么脆弱。适度的挫折对孩子来说是有益的。

第三类是**以亲子关系为导向**的养育方法,认为亲子关系才是最重要的,终极目标是,孩子有朝一日能够凭借智慧与真诚来指导自己的人生。

四岁的薇薇在幼儿园同学那里学会了几句儿歌,回家就唱给妈妈听:"爸爸妈妈最爱我,我却总是搞不懂,爱是什么。爱我你就陪陪我,爱我你就亲亲我,爱我你就夸夸我,爱我你就抱抱我。"妈妈听了不禁感叹"现在儿歌还探讨这么深刻的问题"。没想到,薇薇接着就问:"妈妈,爱究竟是什么?你爱我吗?"妈妈回答:"妈妈当然爱薇薇。爱是什么,这个不太容易给你解释,我们回头看看书上怎么讲吧。"于是,妈妈赶紧买了一本叫《葡萄》的绘本,然后读给薇薇听:

一只小狐狸勤勤恳恳地种了一园子的葡萄,他最期盼的当然就是葡萄丰收啦!可是怎样才能种出更多、更甜的葡萄呢?小狐狸又是跑图书馆,又是上网搜寻,还特地拜访了葡萄专家,最后得出结论——要有爱!怎样才是有爱呢?小狐狸决定去请教几位公认为有爱的人:包括猪妈妈、羊爸爸、大哥哥,还有舞蹈老师和神父。小狐狸丝毫不敢马虎,很认真地将大家的建议一一记录下来。狐狸严格地按照请教到的要点努力做着:给它吃,保护它,给它依靠,熏陶它,以及有点让人费解的"恒久忍耐"。最终,小狐狸用各种方式实践着付出爱,收获了美味的葡萄。

 亲子的情绪同步性

亲子关系的基础之一来自于亲子在情绪反应上的同步性。加拿大研究者路易斯·施密特研究了三个月大的婴儿与妈妈对于情绪事件的反应是否具有同步性。婴儿和妈妈都分别带上一个特别的帽子,这个帽子连接着脑电仪器,这是一种使用仪器来记录大脑活动的方法。当婴儿和他们的妈妈听到欢快的音乐时,婴儿和妈妈都表现出愉悦的表情,并且出现一致的脑电反应。而当婴儿和妈妈听到一段诱发恐惧反应的音乐时,婴儿和妈妈也表现出一致的脑电反应。由此可见,即使是三个月大的婴儿，他们已经和妈妈具有情绪上的同步性。这种同步性解释了为什么家长在工作上遇到挫折、心情很不好时，回到家发现孩子也会变得比较烦躁，孩子好像也感应到了家长的负面情绪。

实际上，坏心情确实是会传染的。比如，有的家长会在孩子面前大吼大叫，表现出来的行为就像孩子一样。如果家长总是发脾气，孩子感受到的压力也会增加，孩子模仿家长的可能性也会增加。即使家长没有在孩子面前发脾气（有的妈妈说"我打开家门后就强颜欢笑"），孩子还是会从家长的微表情中感受到家长的不悦，孩子和家长的情绪反应会有一定程度的同步性。因此，家长应该为孩子做好榜样，当面对负面感受时，应该使用积极方式去处理：深呼吸、休息一下、通过运动发泄、把烦心的事情说出来，或者通过阅读等活动转移注意力。家长在情绪上的示范作用非常重要。家长对情绪事件的反应会影响亲子关系，以及亲子共读的质量。

 从三方面评价亲子关系的质量

我们可以从以下三个方面来评价亲子关系的质量。

第一方面是看亲子之间的**亲密程度**。比如，孩子是否会坦诚地与家长分享自己的心情和体验；和孩子的相处是否让家长感到自己作为父母是自信而称职的。如果你接孩子放学，孩子就立刻与你分享在幼儿园一天的喜怒哀乐，那说明亲子亲密程度比较高。如果家长提起育儿的事情，虽然嘴上不承认但心中会有愧意，那说明亲子亲密程度不高。亲密程度越高，亲子关系越好。

第二方面是看亲子之间的**冲突程度**。比如家长与孩子的相处是否耗尽了家长的精力；孩子在受到家长的惩罚之后，会不会一直生气或产生抵触情绪。如果幼儿园因为暴雨预警而停课，如果你顿时因为要带娃一天而感到度日如年、身心疲惫的话,那就说明亲子之间的冲突比较严重。注意,亲子冲突不一定全是语言和肢体上的冲突,也可能是一些心理上的冲突。如果你批评完孩子之后,孩子转头又乐呵呵地找你玩游戏,那说明亲子之间的冲突还不是很严重。总之,亲子冲突越少,亲子关系越好。

第三方面是看亲子之间的**依赖程度**。比如,孩子对于和家长的分离是否有强烈的反应;家长是否常常在工作的时候想起自己的孩子。亲子之间的依赖程度太强或者太弱都不太健康,适度的依赖对亲子来说是最佳的。但是如果孩子在家长离开的时候总是情绪崩溃,那就说明孩子过度依赖家长了。如果家长在孩子上幼儿园之后一直不放心,总是忍不住要发微信找老师打听自己孩子的情况,那就说明家长过度依赖孩子了。

在亲子共读中,亲子关系的质量也体现在这三个方面,如果家长在亲子共读中和孩子彼此坦诚分享自己的感受,亲子共读的氛围很和谐并没有太多冲突,而且在理解书本的时候既有自己的观点又能深入交流,这样的亲子共读质量就是最理想的。

 四种教养风格带来的启示

家长的教养风格也会影响到亲子共读的质量。心理学家把家长的教养风格分为四种:

专断型教养风格是一种限制性非常强的教养方式,家长通常会提出很多种规则,期望孩子能够严格遵守。家长不向孩子解释这些规则的必要性,而是依靠惩罚和强制手段迫使孩子顺从。专断型的父母不能敏感觉察到孩子的冲突性表现,而是希望孩子能够将他们所说的话当作金科玉律,并尊重他们作为父母的地位和权威。专断型父母的孩子一般情绪不稳定，大多数时间都是不愉快、不友好的，而且很容易被激怒，相对来说没有目标，对周围的事物不感兴趣。

权威型教养风格是一种具有控制性但又比较灵活的教养方式。这种类型的家长会对孩子提出很多合理的要求，并且会详细地说明要求孩子遵守的原因，确保孩子能够遵从指导。与专断型的家长相比，权威型家长更能接纳孩子的观点并做出反应，会征求孩子对家庭事务的意见。因此权威型家长能够认识到并尊重孩子的观点，以合理、民主（而非盛气凌人）的方式来约束孩子。而孩子也会在各方面都会有较好的发展。他们通常心情愉快，具有社会责任感，自立，有目标定向，并且能够与成人和同伴合作融洽。

纵容型教养风格是一种接纳但放纵的教养方式。这种类型的家长会提出相对较少的要求，允许孩子自由地表达自己的感受和做出冲动反应，对孩子的言行缺乏密切关注，很少对孩子的行为做出坚决的控制。用这种方式养育的孩子通常会表现出冲动性和攻击性。他们一般比较粗鲁，喜欢以自我为中心，缺乏自我控制能力，并且具有较弱的独立性和成就感。

忽略型教养风格是最不成功的教养方式，是一种非常放任且具有较低要求的教养方式。这种类型的家长常常拒绝孩子的要求，或者会由于过度关注自己的事情，而对孩子投入极少的时间和精力。忽略型家长带出的孩子，在三岁的时候就可能已经表现出较高的攻击性和易于发怒等外在的问题行为。更为严重的是，他们在班级活动中表现非常差，在儿童成长后期会表现出行为失调。

在亲子共读中，家长最好采取权威型的共读风格，既表现出对孩子的接纳和尊重，也对孩子提出合理的要求。这样孩子在阅读中能保持愉快的心情，较快进入自主阅读的状态，并通过阅读学会与人合作的社交技能，树立良好的社会责任感。通过亲子共读，可以强化亲子之间的情感纽带。

02 用共读强化安全基地

安全感在孩子的成长中一直扮演着十分重要的角色。缺乏安全感的人，内心总是充满这样的疑问：这个世界是值得信赖的吗？这个世界是否充满危险或不可预测的状况？周围的人真的值得信赖吗？可以说，安全感是建立自信的基础，并且影响了我们所有的社交互动。家长要从小帮助孩子培养安全感，亲子之间建立的安全感将会影响孩子一生中所体验的各种人际关系。

 何为安全基地？

每个孩子都努力在两件事之间取得平衡：既渴望变得能干而自立，又渴望得到家长的爱和保护。这两件事有时会彼此矛盾，这个过程清晰地体现在那些刚刚学会独立行走的学步儿的行为中。这阶段的孩子会表现得摇摆不定，一会儿想靠近家长，一会儿想要走开自己做事情，然后又回到家长身边分享他们的新发现，从家长那里获得安抚，或者仅仅通过一个拥抱或偎依来"充充电"，再重新出发开始新一轮的探索。他们反复练习如何在他们对自主性的需求和对保护的需求之间取得平衡。为了探索和学习，孩子需要确认在他们自己做事情的时候家长会在周围保护他们的安全。通过这个反复探索与确认的过程，家长成为孩子探索的安全基地。当家长给予孩子鼓励和理解的回应时，孩子从家长的支持中获取安全感，并且这种安全感会帮助孩子增强自信心从而扩大探索范围。

在亲子共读中,不同的孩子通过不同的方式来运用家长提供的安全基地。一些孩子气质上就很害羞和腼腆,在亲子共读中就需要家长做更多的引领,比如需要家长引导选书,需要家长逐字逐句地读书上的文字,需要家长更多地提问启发,然后他们才认为自己准备好去探索书中的奥秘。一旦他们开始独立探索,可能会反复看同一本书,对书中很多细节有深刻印象,这些都得益于之前家长耐心的陪伴和引导。而另一些孩子很少会退缩不前,因为他们非常活跃,很容易对新奇的书籍感到着迷。他们会自己选书,对家长如何读书也有自己的主张,并且会主动地向家长提问和提出要求。家长此时只需要从旁协助,不需过多干预孩子的自主探索。

 安全基地的功能演变

随着孩子年龄和阅读经验的增长,家长作为孩子阅读探索中的安全基地,其功能也经历着变化。家长的主要角色不再是提供书本让孩子安心坐下来,也不再是给孩子讲书中文字。更重要的是要对孩子在认知上的需求信号做出及时回应。家长可以引导孩子成为一位共读好伙伴,经常一起讨论书中的内容,以开放的态度找出意见分歧,并且和孩子一起寻求维护彼此情谊的解决方案。

孩子在亲子共读中随着故事情节的发展会体验到恐惧、悲伤、生气和沮丧等情感,家长可以成为孩子的倾诉对象,从而在亲子之间形成可靠的联盟,这种联盟关系会保护孩子远离绝望和情绪崩溃。孩子明白自己可能不喜欢书中正在发生的故事情节,但可以承受这种压力,并且在其他方面获得快乐。如果家长能帮助孩子度过阅读中的困难时期,那么家长对孩子的这种支持态度将逐渐变成孩子心智成长的一部分。虽然家长在一开始是作为一种**外部的安全基地**出现的，但是经过日积月累的亲子共读之后，这种外部的安全基地逐渐转变为孩子自我意识中的一种越来越可靠的成分，成为一种**内在的安全基地**。即便家长不在身边，孩子也会内化家长的照顾和保护。家长所带来的安全感将成为孩子终身阅读以及健康成长的持久支撑力。

一岁的钟钟最近开始认生，不管发生什么事情，都会抱着妈妈，就是不肯分开。钟钟一旦发现妈妈离开就大哭大闹。爸爸怀疑这是钟钟缺乏安全感的表现。爸爸有时候会因为钟钟的哭闹而大发脾气："哭什么哭，闹什么闹，妈妈不就走开一会儿吗？这孩子怎么这么不听话！"妈妈劝爸爸千万不要斥责孩子的情绪，这可能是分离焦虑的开始。妈妈耐心地对钟钟说："宝宝，我知道你不愿意离开我，我知道你还想跟我在一起玩。妈妈也是这样的感受。"

出门前，妈妈拿出了《宝贝，知道我有多爱你》这本绘本。妈妈让钟钟抚摸那柔软的纸板书，还有圆圆的书角，软软的海绵封面，这些就像妈妈对宝贝的爱一样温柔。妈妈用温柔的声音把最甜、最美、最有爱的儿歌朗诵给钟钟听。书中用自然界中的事物来比喻家长的爱。让孩子体验到爱的关系，体验自然界中有爱的事物。爱，就像太阳与蓝天，就像蜜蜂和花朵，就像小鸟和鸟窝，就像大海和沙滩。书中小女孩的各种甜美表情，像极了整天围绕在妈妈身旁的宝贝。

经过简短的亲子共读，钟钟感知到自然界中的爱，也深深体验到爸爸妈妈的爱。父母的爱，无处不在，根深蒂固，执着延绵。接着，妈妈又向钟钟解释道："妈妈要出去上班。下午回来继续跟你玩。"虽然钟钟还是有点不舍，但已经能平静地让妈妈离开了。

用心去爱和理解

事实上,在亲子共读中出现不和谐是很正常的。有研究发现,即使被认为是拥有最理想的"安全型依恋关系"的家长和孩子,也会经常发生不和谐。这种不和谐并不会妨碍孩子的正常发展。相反,这些不和谐,是提升孩子适应能力的一种重要契机。孩子需要认识到,在他们日后的社交生活中,别人并不总能给予自己关注,也并不总是有同情心。孩子需要提前适应这些人际间的不和谐。作为家长,我们只需要建立<u>足够好的亲子关系</u>。家长无须做到完美。在亲子共读中,提供给孩子好的但不完美的关注,可能是孩子真正需要的。家长应该对自己和孩子都心怀宽容和欣赏。

父母虽然不完美,但却是独一无二的,只要父母用心去爱,用心去理解,就会拥有较好的亲子关系。孩子和父母的相遇就是一场缘分。正如在绘本《谢谢你来当我的宝贝》中提到的,世界上最亲密却也最遥远的距离,最期待也最漫长的,就是怀孕那九个月。因为神说"你可以出生了",小宝宝天使就开始四处寻找自己的妈妈。一路上,小宝宝遇见好多动物宝宝,以及它们好棒的妈妈:喜欢抱抱的熊妈妈,喜欢亲亲的猩猩妈妈,还有暖暖的猫头鹰妈妈。看见其他小动物们与妈妈的亲密互动,让小宝宝好羡慕。最后,小宝宝选择了"我"作为妈妈。

大家都说"女人心,海底针",其实儿童的心理世界,更需要家长用心去理解。家长在日常生活中,要透过表象看本质,理解孩子的真实感受和需求。家长可以借助亲子共读及相应的拓展讨论,体会孩子的感受和想法。

三岁的峥峥每次在爸爸出差回家后，就打他的爸爸，然后跑到餐桌底下。爸爸觉得很奇怪，想对儿子发脾气，想质问他为什么要打人。但是妈妈制止了爸爸。妈妈告诉爸爸，峥峥其实很喜欢爸爸，可能是因为爸爸常常出差在外，所以还不清楚如何和爸爸相处。于是，爸爸开始去理解孩子的内心世界。

爸爸对峥峥说："儿子，我觉得你很喜欢接近我，但是你又很害怕和我相处。你生气，又担心爸爸不喜欢生气的小孩，所以你先表现出不喜欢爸爸的行为。对不对？"峥峥没有回答，只是静静地看着爸爸。爸爸继续说："你打我，然后跑到桌底下，可能是因为你想接近我，但又有点不确定。不如每次我回到家，我先给你讲一本故事书，好吗？"峥峥听到这个提议，连连点头。自此以后，爸爸常常一进家门就跟峥峥一起读书，峥峥再也不打爸爸了。

 给予足够的关注

家长在亲子共读中应给予孩子足够的关注，用关爱的抚摸和温柔的语气表现出热情和欣赏。每一次亲子共读都是心与心之间的交流，想要得到真诚的回应，自己也必须付出真情实感，先把自己的内心打开，才能让别人也敞开心扉。家长在亲子共读中要表现出自己对孩子的真切关怀，表达对孩子的信任和认可。

五岁的夏夏因为在一次才艺表演面试中落选，一直闷闷不乐。从那以后她开始做任何事都小心翼翼，生怕老师或家人不满意，家人稍微提点建议她就大哭。父母后悔不应让她参加那次面试，但后悔也无济于事。咨询了儿童心理学专家，父母才明白其实一次失败不可能就改变了孩子的个性，可能是孩子成长过程中缺乏家长的肯定与鼓励才出现这样的行为。父母反思了自己的养育方式，平时确实很少肯定孩子。父母自己小时候也很少得到家长的真挚鼓励。

夏夏父母决定通过亲子共读，给孩子多些鼓励。妈妈给她读《爷爷一定有办法》这个绘本，这是一个充满智慧的民间故事。约瑟从小就和爷爷建立了深厚的感情，他相信爷爷一定有办法把旧东西变成新的东西。爷爷用真挚的爱心和灵巧的手，把一块料子缝制成温暖、舒服的毯子。当毯子用旧了，爷爷就把旧了的毯子缝制成外套，之后是背心、领带、手帕，直到很小的一粒纽扣。

夏夏说："这只是很普通的布料呀。"妈妈说："孩子，你的观察很细致，这确实是很普通的布料，很普通的日常生活。但是，爷爷总是能够想办法解决问题。夏夏，我们只要勇敢地面对问题，就能想到办法解决问题。只要保持乐观，就能发现生活的美好。"

第二章

应对成长中的挑战

在出生后的最初阶段,宝宝大多都是温顺可爱并且怡然自得的,家长很快就学会了解读宝宝发出的各种信号(比如饿了、困了、热了、尿了)。家长只要能及时对孩子的生理需求做出回应,亲子之间就能建立亲密感,并相互慰藉。但是,随着孩子慢慢长大,家长与孩子的身体接触减少,共处的时间也变得有限,亲子之间的情感联结不像小时候那么密切了。孩子不希望成为家长的连线木偶,不希望"只能做你想我做的事情"或者"只能成为你想我成为的人"。为了公平,孩子感到有必要宣布自己的主权,孩子的自我意识开始形成。

随着孩子的独立自主,他无可避免地要面对成长中的风风雨雨。无论家长考虑得多么周全,多么竭尽全力地保护孩子的安全,孩子仍然有可能面对危险或挑战。如何引导孩子面对各种困难和挫折,如何应对孩子的沮丧、愤怒、委屈、失望等负面情绪,是育儿的一大挑战。家长既不能为了追求"完美"的成长环境而压抑了孩子的情感,也不能用失控的情绪影响自己孩子。孩子成长过程中难免出现混乱,家长不但要允许孩子真实的情感表露,还要学会允许混乱的存在,确保孩子拥有犯错的权力。

避免消极主义

家长需要把一个孩子养育成一个能够适应他所在社会的价值观和规则的人，所以家长不得不反复地纠正孩子的错误行为，这是一个漫长而沉闷的过程。孩子的语言能力还不成熟，很容易与成人发生误会。当孩子遇到令人沮丧的事情时，他们希望表达一些东西，但是不知道用什么词语说出来。他们希望学会如何表达，但又不会询问。他们发现自己无法理解别人说什么，而且别人也不理解他们。当他们因为说了或者做了一些在成人看来错误的事情而被纠正时，他们会感到困惑或者愤怒。有时孩子无法说出急迫的需求，只好哭泣或者尖叫。孩子表现出激烈的行为其实是他们在努力让自己被理解。

于是，有的家长会感到孩子变得消极、独断、专横，当面对孩子持续强烈的对抗时，家长感到愤怒和灰心丧气。家长也许觉得亲子之间隔着一条彼此难以逾越的鸿沟。家长要学会接受、尊重，甚至欣赏他们之间的差异。只有那样，亲子之间原有的亲密感才能恢复，并且融入家庭的新氛围之中。有效的亲子共读能够帮助孩子面对成长中的风风雨雨，避免困难所带来的消极感受。

01 提升应对挑战的能力

识别四种预警信号

在婴儿期,亲子之间的依恋关系是很紧密的。但随着孩子长大,亲子之间就慢慢出现"距离感"和"难为情"。家长常常不易觉察到彼此的情感联系正在退化。其实,家长要敏锐地注意一些预警信号,如果出现以下四种情况,应该更加积极地进行亲子共读,及时给予孩子精神上的支持。

第一,孩子以前比较习惯自娱自乐,能自己玩一段时间,但最近孩子对原来感兴趣的游戏不再有兴致,好像**无法自发地游戏**,必须要家长陪着他才能玩。

第二,孩子**遇到了一些危险**。比如最近在公园差点儿走丢了,虽然孩子找回来了,但是他心里可能留下比较大的创伤。

第三,孩子的**生活发生了比较大的变化**,比如换幼儿园,或二胎出生,或搬家,或换了一个主要照料人。

第四,孩子**性格突然变得孤僻起来**,好像很难跟同辈或者成人建立情感联系,家长也感觉到孩子没有以往那么畅所欲言了。

当这些情况出现的时候,家长可以更多地选择一些与孩子生活事件主题相关的书籍,跟孩子讨论,引导孩子畅所欲言。通过亲子之间的互动,敏锐地了解孩子的状况,共情孩子的感受,及时提供疏导和支持。

帆帆今年5岁。为了让他上一所重点小学,家长重金买下一套学区房。帆帆因此搬到了新家,并且换了一所幼儿园。房子变小了,新小区没有熟悉的玩伴,而且幼儿园里也是全新的老师和同学。搬家后,帆帆好像有点不开心,平常的"小话痨"最近变得少言寡语。爸爸妈妈问他为什么不开心,他也不吭声。爸爸看到帆帆的情况很着急,买房本来是为了给他提供更好的生活条件,没想到却害了他。冷静思考一番之后,爸爸给他买了一本《芽芽搬新家》的绘本,希望通过亲子共读调整帆帆的状态。

故事中的芽芽也搬家了,那是一个和原来的家很不一样的地方,既没有漂亮的院子,温暖的阳光,宽阔的街道,也没有好朋友小琪的身影。不管是气候、学校,还是同学,芽芽都不喜欢。虽然这里一直下着大大小小的雨,不过好在有一个热情如火的大头妹,她火红的头发和鲜明的个性,温暖了芽芽的心。大头妹讲话很大声,喜欢咬指甲,常常讲一些芽芽听不懂的笑话,还会玩一些奇怪的游戏。因为这里一天到晚都在下雨,所以大头妹发明了一种叫作"龙卷风"的游戏,只要撑着伞旋转,就仿佛可以飞起来。有一次,突然间一阵大风把芽芽的伞吹走了,那可是芽芽原来的好朋友小琪送给她的礼物。大头妹二话不说,拉着芽芽就往外跑,大头妹带着芽芽展开寻找小红伞的冒险。

俩人大街小巷地找,芽芽第一次发现:原来下雨天也并不是那么讨人厌,原来这座城市也很好玩,更重要的是,原来跟大头妹在一起,是这么令人开心的事!芽芽虽然还是会常常想起原来的家和老朋友,不过通过这一场雨中寻宝游戏,她开始学会用另一种角度看世界。即使是在不熟悉的雨天的街道,有了朋友的陪伴,还是可以玩得很快乐。帆帆爸爸就借助此书,让帆帆打开心扉。最后帆帆爸爸鼓励他说:"我们刚搬了家,虽然要适应新环境,说不定你很快就能找到新的好朋友呢。"

 ## 化危机为契机

类似搬家这样的生活事件,会给孩子及其家人带来诸多的心理压力和挑战,对于孩子来说也可能是一种"危机",孩子由此感受到压力,产生行为问题和心理不适感,其中最典型的心理不适就表现为退缩行为,比如孩子变得不会表达感受或者变得不会自发游戏。

但是,如果家长能从另一个角度来引导孩子,让孩子理解压力事件一方面会给自己带来**挑战**,但是另一方面也可能给自己带来加速成长和发展的契机。孩子如果能以这种心态去应对变化和压力,就很可能在社交能力、语言发展、自我照料方面有所突破。

面对孩子成长过程中的风风雨雨,家长除了要识别预警信号,还要培养孩子化危机为机遇的能力,这就需要培养孩子的**自主性**。生活中不断出现的需要孩子更新认知的情境,可能会让身在其中的孩子获得持续的成长。家长要引导孩子反省并且认识到,每个人都是有自主性的,我们的命运几乎都是自己选择的。当家长成为孩子的安全基地时,孩子就能够安心地自主探索,大胆地面对成长中的风风雨雨。家长应放手让孩子发展自己的自主性,让孩子尝试独立解决问题。在每天的亲子共读中,家长应该着手培养孩子自我管理的能力。亲子共读不应是由家长完全操控的过程,而应是孩子积极参与、尝试自我管理的学习过程。

学会自我管理

家长应该帮助孩子形成自我管理的意识。比如，家长可以让孩子控制阅读的时间。下面是自我管理的三个小技巧：

首先，家长可以跟孩子一起画"时间馅饼"，和孩子一起分析一下他每天的自由时间里有多少是花在体育锻炼上，有多少是花在吃东西上，有多少是花在看电视上，有多少是花在阅读上，等等。这样孩子才会形成更加具体的时间观念。

当孩子明确知道有些事情会比较浪费时间之后，家长就可以给孩子提供一个"提醒小闹钟"，让孩子感受到时间的压力。比如孩子要收拾玩具，有时候会边收拾边玩，那么家长可以给孩子提供一个小闹钟，鼓励孩子在特定时间内完成某项任务。

为了争取更多的自由玩耍时间，孩子就有动力做好时间管理，比如要分清楚什么事情是比较重要的事情，什么事情是比较紧急的事情。这时候家长就可以教孩子做一个"时间管理四象限图"，区分事情的轻重缓急。在二乘二的方格中，那些**重要并且紧急**的事情，就需要立即处理，用心完成；那些**紧急但不重要**的事情，就需要马上处理并尽快完成；那些**重要但是不紧急**的事情，就可以做好规划，努力完成。对于那些**不重要也不紧急**的事情，就可以仔细甄别，抽空完成。

在帮助孩子进行自我管理的时候，切忌一直催促孩子。否则，不管成人给孩子规定的结束时间是什么时候，孩子只知道这是在催促，并不明白到了那个时间就该结束当前活动。由此可见，时间管理，是为了更好地享受时光；自我管理，是为了更好地与人合作。实际上，当家长和孩子一起读书时，就是牵着孩子的手一起到故事的海洋中航行。孩子可以在这个过程中去享受，去体会，去感受。孩子会化身成航行中的一只小船，家长耐心地跟随这只小船来经历航行中的一切，这些经历会使孩子的内心产生变化，这种变化可能不太能用语言描述，但会成为孩子记忆的一部分。

茜茜已经六岁了，但是她做什么事情都很慢。幼儿园老师们纷纷向妈妈抱怨，建议她督促孩子做事快点，否则以后上小学的学业压力可能会比较大。其实茜茜做事非常认真、专注，并不三心二意，之所以让人感觉慢就是因为她在思考。但是幼儿园老师不断的抱怨，还是让茜茜妈妈有些迷茫，不知道该如何面对家中的"小蜗牛"。后来她无意中发现了一本童书——《别说你快点快点》，似乎一下子戳痛了自己柔软的心灵，茜茜妈妈找到了答案。

故事中，一只小船轻声地诉说着自己的心声："别说你快点快点。一个个顺序不一样。拿我跟他们比，我会紧张的。一紧张，我就会发冷。一紧张，我就会缩小。……一个个，不一样，会的事情不一样。……别问我为什么不会。我不知道的事情，太多太多。我说不出来的心情，太多太多。别拉我。别推我。一个个长短不一样。一个个时间不一样。"茜茜妈妈领悟到：每个生命都值得敬畏。不要催促，不要比较，不要用自己的眼光去衡量别人不一样的人生，学会审视和珍爱每个生命，尤其是自己的孩子。

 坦然面对成败

家长常常感到困扰的一个问题是"什么时候才不再需要让孩子赢"。比如，家长跟孩子一起看一本谜语故事书，孩子老是想跟家长比赛谁先想到答案，家长总是要让着孩子，让孩子赢吗？其实并不是这样。孩子需要**学会输得起**。家长在帮助孩子提升自我管理能力的同时，也应该让孩子形成面对成败的积极态度。有的孩子会把失败当作是自我形象的损害，比如看书时因漏了一页而错过了重要情节时，就会非常难过和自责。而另一些孩子则会把失败视为学习过程中无法避免且必不可少的一部分，比如看书时因漏了一页错过了重要情节时，能够坦然面对。自我管理是为了让我们更加有效地利用时间，而不是让我们时刻感到挫败。从小就需要学习"输得起"。

当孩子能坦然面对失败时，他们就是在学习这个世界的运作方式，摆脱固执的理想主义，并且体验宽恕，从而成为洞察事物本质的谦逊者。当然，当孩子努力探索之后，仍然失败时，家长就**"不要再刺第二刀"**。比如，当孩子在看一本精致的立体书时，虽然他已经很小心翼翼了，但他还是一不留神把其中的一页弄坏了。这时，家长应该理解孩子并不是故意犯错，继而鼓励孩子想办法去补救，比如拿胶布去贴好撕烂的地方。孩子应该学会这样一种态度：**这不是我的错，但我有责任**。一旦孩子能看清楚自己造成的伤害，就会承担起责任，努力改正错误，从困境中吸取教训，努力不再重蹈覆辙。

02 提供释放情感的渠道

 "情感开闸"现象

很多家长碰到过这样的事情，本来孩子看书看得还是很开心的，但突然就大哭起来，还停不下来。家长对这种情况感到手足无措，觉得孩子的眼泪毫无来由，甚至会因此感到很懊恼，觉得"妈妈好不容易放下手头上的事情来陪你看书，你哭什么呀"。更有甚者，还会忍不住向孩子发火。

其实，这是一种叫作"情感开闸"的现象。孩子有很多储备的情感，平常他会把这些情感的闸门紧闭。亲密的亲子共读使孩子的情感闸门打开，可能释放出开怀大笑，也可能同时释放出家长没有预料到的其他情感。我们大人很少意识到，这种"情感开闸"的现象其实对孩子心理成长来说是健康的。孩子的内心情感储备超越其自身能够控制的范围时，就需要找到渠道释放自己的情感，亲子共读恰好提供了这样一种方式。

 孩子真的很脆弱吗？

家长常常会因为对孩子的怜爱，急切地希望帮助孩子消除掉不悦情绪。但是，孩子们真的像我们想象的那么脆弱吗？我想分享一个故事，请大家好好思考一下。

一个还在上幼儿园的小女孩，曾经在和妈妈逛街的时候，被一个在街边报刊亭卖杂志的年轻男人冲上来亲了一下小脸蛋。妈妈很生气，就去报警，但是警察说这种事情比较难立案。

之后，小女孩好像也没有表现出什么异常，妈妈以为这事就告一段落了。但这位考虑周全的妈妈再也不敢带小女孩经过那个报刊亭了。一是害怕孩子再碰到那个人，二是害怕在那附近孩子会触景生情。

过了一段时间之后，心有余悸的妈妈买回来一本预防性侵的经典绘本《绝对不能保守的秘密》，希望增强孩子的自我保护意识。可是，当妈妈告诉孩子在被别人以不正当的方式触摸时要大声说出来，这个本来兴高采烈的小女孩默默地流下了眼泪。妈妈看着很心疼，自责没有保护好孩子，让报刊亭事件发生了。

于是，妈妈努力让孩子马上开心起来。她先紧张地对孩子说："没事，一切都会好起来的。"遗憾的是，"没事"这句话无法解开孩子的心结，孩子还是继续默默地流着眼泪。妈妈更加着急了，赶紧用一些酷炫的玩具把她的注意力从难过的情绪中转移开，甚至直接问孩子："你想吃什么好吃的，妈妈马上给你买？"孩子的注意力果真被转移了，不再哭泣了。

在这个故事里，妈妈很自然地会因为担心孩子而急切地想要消除孩子的负面情绪。但是如果这样做的话，孩子从妈妈那里得到的暗示是："你是很脆弱的，你还不能处理现实问题，你也不能面对随之而来的痛苦。"这是一种消极的做法，并不能让孩子依靠自己的力量坚强起来。

更加积极的方式是：妈妈只需要静静地陪孩子坐一会儿，等孩子释放出强烈的情绪，然后听听孩子的心声。如果孩子还没有准备好说出感受，也没有关系，不要强迫孩子分享感受。陪孩子坐一会儿，等孩子的眼泪流完了，也许孩子就会变得快乐一些，而且孩子自己也获得了力量。

 避免使孩子的情感封闭

很多职场妈妈可能都会遇到过下面这种情境：

天天最近很喜欢看小猪佩奇系列的绘本，习惯了每天晚上让妈妈给他读三本。但是，今天妈妈加班后回家比较晚，妈妈说只能给他读一本，天天马上号啕大哭起来。

看到天天突然大哭，妈妈非常生气。这位试图兼顾工作和家庭的妈妈，潜意识里也许也对孩子有点愧疚，懊悔自己无法更早回家陪孩子。为了保证孩子的睡眠时间，妈妈只能选择给天天读一本绘本。不过天天很不理解，对妈妈打破每晚读三本书的惯例，反应非常激烈。

面对这种情况，我们可能会选择两种截然不同的处理方式：一种会让孩子的情感更加封闭，而另一种则会让孩子的情感更加开放。

让孩子情感更加**封闭**的方式是：因为天天的不理解，妈妈很失望，拒绝向天天妥协，也放弃了进一步沟通。妈妈一怒之下就对天天说："现在你已经浪费了十几分钟，我们已经没有时间一起看书了。你快擦干眼泪，赶紧睡觉！"然后妈妈就生气地甩门而去。但是天天还是无法止住哭声。妈妈使劲按捺住愤怒，站在门口对天天大喊："你现在马上停止哭声，否则我叫保安带走你。"这时天天真的害怕了，他尽了最大的可能压抑住自己的委屈，躺在床上，不再发出哭声。带着这种压抑的悲伤，他慢慢入睡了。

内疚的妈妈希望明天起床天天就忘记了此事。但是，类似的事情反复发生之后，天天的情感变得封闭起来，他习惯了压抑自己的情绪。所以，当父母因为孩子大哭而生气，拒绝继续付出爱时，这种让情感封闭的方式会使孩子压抑自己的情绪来换取爱。

如果让此事重演，这位妈妈可以采取让孩子情感更加开放的方式。天天不理解妈妈为什么不像往常那样讲三本绘本，于是大哭起来。妈妈冷静地想一想，孩子是多么渴望妈妈回家，希望每一天都能和妈妈度过"阅读佩奇"的甜蜜时光。妈妈可以抱起天天，温柔而坚定地对他说："天天，很抱歉妈妈今天确实没有时间给你讲三本书。你很喜欢和妈妈一起看书，对不对？妈妈也很喜欢给你读书。今晚妈妈实在没有办法像之前那样读三本书，你觉得很失望，对不对？妈妈也觉得很遗憾。"天天不停地点头，然后他哽咽着说："我要妈妈讲三本。"妈妈摸摸他的头说："今天确实太晚了，我们只能讲一本。妈妈明天尽量早点回家给你读三本书,好吗?"妈妈帮天天把自己的委屈说出来了,天天也感到妈妈理解了自己的感受。虽然天天还是有些失望,虽然妈妈并没有妥协给他读三本,但是天天的情感是开放流动的,他慢慢止住哭声,安然入睡。妈妈也因为表达了自己的愧疚而感到更坦然。

长此以往,天天就能够慢慢学会在委屈的时候表达自己的感受,在不压抑自己情感的同时学会适应外界的限制。所以,这是一种让情感开放而非封闭的方式,当父母因为孩子大哭而给予孩子更多表达情感的渠道时,孩子的适应力会越来越强,越来越灵活。亲子共读的重要作用之一就是孩子能借助安全的亲子关系和丰富的语言积累,学会自由流畅地表达自己的感受。

 "软化"家庭气氛

不同的家庭有不同的气氛。在紧张的家庭气氛里,孩子感到家长的爱是有条件的,孩子无法放松休息,需要长期警惕;在宽松的家庭气氛里,家长允许意外和错误的发生,坦然承认自己也会软弱,适应偶尔出现的混乱,孩子会感到很轻松。家长可以通过亲子共读,尽量"软化"家庭气氛。避免因为孩子一时调皮扔书或者撕书,就对孩子发脾气,造成孩子对书本的抗拒。下面是一个造成家庭气氛紧张的例子。

妈妈给女儿婷婷读花格子大象洗澡书——《艾玛爱洗澡》,孩子突发奇想要去玩水。其实无论小孩还是大人,都很喜欢玩水,水有一种天然的安抚效果。妈妈小心翼翼地端来一盆水,放在客厅里。然后再三叮嘱婷婷,一定要小心,不要把水弄到衣服上,不然会感冒。顺便又提起了婷婷上次发高烧,就是因为洗手时把袖子弄湿了,后来一吹风着凉感冒了。

婷婷无法压抑住自己终于可以玩水的兴奋,拿起洗澡书来当勺子从盆里舀水。一不小心,把水洒到地上。一直站在一旁密切监察的妈妈马上紧张起来,说:"小心点,别把水弄到地板上了,地板湿了走路容易滑倒,小心磕到你脑袋把你磕傻了。"妈妈赶紧拿来一块抹布把地上的水擦干净。还没擦好,婷婷又洒了一些水到旁边。这下妈妈就火了,说:"我都提醒你多少遍了。算了算了,别玩水了,接着读书吧!"于是就立即把水盆端走了。

孩子的成长需要自由的探索空间。如果家长过于紧张,会影响孩子的心情,还会造成孩子对亲子共读乃至亲子关系产生抗拒,应激状态下的压力激素也不利于孩子的身体健康。家长应该营造一种宽松的氛围。

在一个气氛宽松的家庭里,妈妈会把水盆端到阳台,提前给孩子挽起袖子,穿上防水的围裙,让孩子自由自在地玩。在适当的时机,妈妈还可以引导孩子联想刚刚读完的洗澡书,鼓励孩子讨论书上的内容,从而让孩子对书中内容有更加深刻的理解。最后,虽然孩子袖子有点湿,阳台上也有些水,但是妈妈并不指责,而是给孩子换件衣服,擦干阳台,不经意间给孩子留下美好的读书、玩水的回忆。

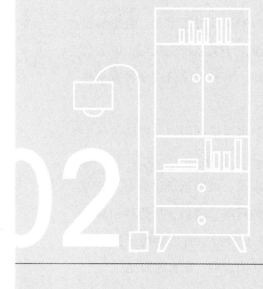

第二篇

解决养育难题的亲子共读方法

第三章
通过亲子共读正视孩子胆小自卑的问题

 面对风险的个体差异

生活充满着未知，父母都希望孩子长大成人后能勇敢地面对人生中的风风雨雨，不希望孩子做事情畏首畏尾、瞻前顾后。然而，每个孩子承受风险或者面对不确定性的能力有所差异：有的孩子胆子比较小，而有的孩子胆子比较大。美国纳森·福克斯教授设计了一个"风险屋"，研究不同孩子面对风险情境时的胆怯程度。这个巧妙的"风险屋"情境包含了三个风险挑战。

第一个风险挑战是，孩子将在测试室里面对一个"陌生人"（其实是研究人员）。虽然妈妈仍在场，但有些孩子对这个陌生人非常警惕，不愿意和陌生人一起玩；而另一些孩子不那么害羞，能较快和陌生人熟悉起来，愿意和她一起玩。

第二个风险挑战是这个"陌生人"拿出来的一个"诡异"的机器人。这个机器人发出奇怪的声音和光线，还会走动。有些孩子会觉得这个机器人太吓人，赶紧躲到妈妈身后，寻求支持和鼓励；还有一些孩子一点都不害怕，跟机器人玩得不亦乐乎。

第三个风险挑战是孩子在"陌生人"陪同下跳一个高台阶。有的孩子小心翼翼，生怕摔下来，不敢往下跳，只敢坐在台阶上慢慢滑下来；有的孩子超级喜欢跳台阶的刺激感，甚至还指挥着"陌生人"一起跳台阶。

这个"风险屋"小测试展示了孩子面对风险的不同反应。每个孩子可能偏好不同水平的风险。有些孩子喜欢冒险，有些孩子厌恶、回避风险。后者就是所谓比较胆小的孩子。这种面对风险的个体差异，一方面固然与孩子的先天气质有着密切关系，另一方面也和家长的教养方式有关。

 让孩子脱去"保护蛋壳"

一些家长希望保护好孩子，所以对孩子有很强的控制欲，孩子要做什么以及怎么做都只能服从家长的"指令"。家长在孩子面前总是耳提面命，不给孩子商量的余地——家长说外面太热不能去户外，孩子就只能待在家里；家长说玩水弄湿衣服会感冒，孩子就不敢玩水；家长说和院子里的小朋友玩容易感染病菌，孩子只好拒绝和其他小朋友玩耍……面对过于强势的家长，孩子从小就充满了焦虑，不敢独自面对任何风险。

为了让孩子真正健康地成长，家长需要给孩子尊重和谈判的空间，把孩子当成独立的个体。孩子刚开始可能不愿意长大，希望永远待在父母温暖的怀抱当中。家长要放下内心的保护欲和强势个性，放手让孩子成长，鼓励孩子尝试在磕磕碰碰中发现人生的惊喜。绘本《鸡蛋哥哥》系列通过几个温馨有趣的小故事探讨了有关成长的永恒话题，鸡蛋哥哥不愿长大，想永远待在安全、温暖的蛋壳里，被妈妈抱、被妈妈宠，做一颗永远不用长大的鸡蛋。但孩子终究要学会面对困难，接受挑战，勇敢地"脱去蛋壳"。只有挣脱蛋壳，面对不同于鸡蛋里的新天地，鸡蛋哥哥才能变成自信的小鸡。家长帮助孩子摆脱胆怯的最好办法，就是欣赏并鼓励孩子的每一点进步，耐心地等待孩子破壳而出。这个守望和支持的过程，离不开家长积极而耐心的陪伴，尤其是美好的亲子共读。通过日复一日的亲子共读，家长及时给予孩子贴心的鼓励，帮助孩子坚定成长的勇气，体会成长过程的美妙。

01 引导正面归因

 区分乐观与悲观

有些孩子常常陷入一个认知误区，认为不利的事情发生后就会有不好的后果。实际上，他们忽视了中间的过程，没有意识到我们对不幸事件的看法和解释也很重要。同样不愉快的一件事情，对不同的人来说，结果可能完全不同。如果孩子能积极地看待不幸的事情，就能从不幸的事情中有所收获。

乐观者和悲观者对待同一件事情的归因或解释方式是截然不同的。首先，乐观者对于糟糕的事情的解释方式是：指责他人和环境在造成糟糕结果中所起的作用（外部归因）；而悲观者则会责怪自己在造成糟糕结果中所起的作用（内部归因）；其次，乐观者把糟糕的事情解释为不太可能再次发生的（可变归因）；悲观者会把这类事情解释为很可能再次发生的（稳定归因）。另外，乐观者把坏的结果限制在某一个别的领域而不是其他更多的领域（局部归因），悲观者则把坏的结果推广到其他多个领域（全部归因）。

为了培养乐观的孩子，家长可通过亲子共读引导孩子**觉察自己看**

待问题的方式。家长可以在读完一段书中故事后,问孩子能否想起一件最近发生的相似事情,"当时你心里在想什么,内心感受是什么"。家长通过这种方式,引导孩子学会捕捉并评估自己的思维,找出对事情更加理性的解释,化解一些负面性思维。

 训练因果推理

家长在亲子共读时不要为了完成阅读任务而赶进度,不要读得太快,放慢速度让孩子将听到的内容在脑海里勾勒出图像。在亲子共读当中,把主导权交给孩子,让孩子可以按照自己的节奏进行,并有适当机会仔细观察故事插图,有足够的时间研究书中内容,从而训练孩子的因果推理能力。在孩子觉得生疏的地方,家长也可以适当提供详细的解释,加深孩子的阅读效果。

曾有研究者对八岁的孩子读绘本的学习效果进行了测试。这些孩子分为三组。A 组的孩子在七天内把某个故事听了三遍,除了听故事,A 组孩子还会获得详细讲解。B 组的孩子也在七天内听了三遍故事,但是只阅读没有获得阐释。C 组的孩子根本没有听那个故事。研究者对这些孩子在预先测试、学习绘本后的测试、三个月后的再次测试中的表现进行了比较,结果发现:获得解释的 A 组孩子掌握了 39.9% 的词汇,没有获得解释的 B 班孩子只掌握了 14.8% 的词汇,而完全没有听故事的 C 组孩子掌握的词汇量不足 2%。由此可见,家长在亲子共读中和孩子讨论书中主人公的际遇,一起深入分析人物经受挫折的原因,引导孩子学会根据事实收集证据,理解事件的来龙去脉,能促使孩子形成正面的归因风格,并培养孩子乐观的思维习惯。

鼓励孩子多角度归因

如果孩子喜欢反复阅读同一本书,家长也要保持耐心。这就好比成人将同一部电影多看几遍,才能了解第一次观看时漏掉的许多细节。孩子看书也是,通过多次阅读,才能深度揣摩因果关系,找到更加正面的归因。家长可以在亲子共读中鼓励孩子锻炼**发散思维**,让孩子搞清楚事情的来龙去脉。很多家长已经习惯于**汇聚思维**,为了高效解决问题而要求所有事情直奔明确的目标,讲故事也直奔明确的主题,不允许孩子发散。实际上,家长应该给予孩子足够时间探索书中的奥秘,鼓励孩子从多个角度对事件进行归因。

家长应以开放的心态鼓励孩子训练发散思维,让孩子在理解书中内容时有更多视角和思路。比如,家长可以尝试和孩子看《幸福的提姆和莎兰:最最喜欢的野餐》这本书。故事讲的是提姆和莎兰两人起床后特别兴奋,因为他们要去野餐。爸爸准备好美食,妈妈收拾好野餐用具,全家人一起来到野外的空地上。可是正当他们准备开始吃美味的三明治时,天却下起雨来。眼看着原本美好的野餐活动就要泡汤,这时家长可以引导孩子思考:户外野餐要泡汤,好失望呀,这是由于什么原因呢?孩子可能会说是因为出发时太磨蹭导致延误所以没赶上好天气,孩子也可能会说本来就不应该计划户外活动,待在家里就好了。但是家长应该引导孩子,下雨是无法控制的因素。故事中一家人并没有抱怨和指责,而是乐观地寻求解决的办法。家长可以问孩子该怎么办,让孩子思考不同的解决办法,以及所产生的结果。最后故事中的一家人在家里"野餐",他们拿着雨伞当帐篷、小船,在家里"划船",不亦乐乎。所以,只要家长热情、乐观地投入亲子互动,即使足不出户,用很简单的道具,也可以为孩子创造独一无二的亲子活动。

五岁的恬恬最近很爱打小报告,常跟老师说某某同学不喜欢她、欺负她。王老师觉得其实班上同学之间关系还算和谐,可能是恬恬对小伙伴的意图有些误解。在这一天的故事会上,王老师给几个小朋友讲了一本叫《小恩的秘密花园》的绘本,向孩子传递乐观的精神和生命的力量。这本绘本是由美国著名的童书作家萨拉·斯图尔特和插画家戴维·斯莫尔制作的,他们俩是一对夫妻,热爱大自然、阅读和写作,鼓励读者坚强自主。

王老师特意邀请恬恬参加,希望引导恬恬正确理解他人的行为和意图。故事中的小恩常常和奶奶一起参与园艺劳作,认识许多植物。她很会种花,对于植物种子特别感兴趣。王老师指着其中一页对小朋友们说:"小恩和奶奶在花园里采摘西红柿,小恩跪在地上,手里捧着西红柿递给奶奶。她对待果实是那样虔诚:阳光把温暖带给土地,土地把果实奉献给人类。"

小恩家的生活遇到困难,爸爸妈妈都失去了工作,家里没有了经济来源,她只好独自离开家,投奔从未见过的舅舅。舅舅总是不苟言笑,皱着眉头。他接小恩回家的时候没有笑,念小恩写的长诗时没有笑,做裱花蛋糕时没有笑,在店里忙碌时还是不笑。这时候王老师问小朋友们:"大家觉得舅舅为什么没有笑呢?"恬恬举手说:"因为舅舅不喜欢小恩。"王老师微笑着说:"还有其他可能性吗?舅舅还可能由于什么原因没有笑呢?"这时其他小朋友举手回答:"也许舅舅肚子饿了。"另一个说:"舅舅可能生病了。"老师点点头说:"没错,舅舅没有笑有很多可能的原因,不一定是因为不喜欢小恩的到来。"故事里的小恩给家人的信里有这么一段话:"我写给吉姆舅舅一首很长的诗,他都没有笑。不过我想,他应该喜欢我的诗吧,因为他念得很大声，念完了还放进他的口袋里，拍了几下。"小恩怀着乐观精神理解别人的意图。

小恩看着眉头深锁的舅舅，萌生了一种想逗笑舅舅的念头。她用她种的植物，一点一滴地把灰暗的住宅布置得明亮而充满色彩。日子虽然过得不是很如意，但小恩懂得转换心情，甚至还能影响其他人。最后小恩带着舅舅参观她细心照料的秘密花园，这秘密花园就是小恩逗笑舅舅的最佳方法。此时，恬恬和小朋友们看着书中美丽的花园以及绽放的笑脸，都陶醉在美妙而温暖的故事中。

 传递乐观精神

家长只有营造一种充满关怀和信任的亲子互动氛围，孩子才能乐观自信地成长。家长的关怀首先就是愿意花时间和孩子待在一起，倾听孩子的需求和感受。父母的关怀可以搭建成孩子的安全基地，使孩子身心得以放松，可以更安心地寻求事情的真实原因。如果家长很少陪伴孩子，孩子总处于紧张焦虑的状态之中，那么孩子很可能对周围世界保持警惕和怀疑的态度，对事情的解释方式也会变得悲观。家长在亲子共读中要以建立关怀和信任的关系为主要目的，有时孩子听到一些故事会自发地想起自己的不愉快经历，家长可以多鼓励，避免指责和怀疑。有时看到故事中的主人公勇敢地克服了困难，家长就应该鼓励孩子，相信孩子也能在未来勇敢地克服困难。

豆豆妈妈很喜欢攀比，比老公，比孩子，比工作，比财富，比来比去总觉得自己没有别人家幸福。对于豆豆，妈妈也很少鼓励，总是说别人家的孩子更聪明、更乖巧。六岁的豆豆缺少幸福感，很少感受到来自妈妈的温暖，越来越自卑。

此外，妈妈常在家里跟孩子哭穷。豆豆想要某个玩具，或者想吃某样食物时，妈妈总是说："家里没钱，供你读书、上兴趣班就很辛苦了，所以你一定要好好读书，将来好好挣钱养父母。"虽然妈妈的本意是希望豆豆不要再有过多无理的要求，但这却让豆豆的自卑感越来越严重。豆豆甚至开始嫉妒别人，常常因为别人拥有他所没有的东西就不开心甚至生气。

爸爸意识到豆豆的自卑感比较严重，决定多陪陪豆豆，希望及时引导豆豆。爸爸买来《我好嫉妒》这本书讲给豆豆听。豆豆好奇地问："什么是嫉妒？"爸爸就给他解释："嫉妒是一种刺刺的、热热的、讨厌的感觉。其实我们每个人都有嫉妒的时候，大人有时候也会嫉妒。"

故事中，当妈妈抱着其他小朋友时，熊妹妹就觉得妈妈更喜欢别人，感到很嫉妒。当熊妹妹的朋友和别人一起玩过家家时，熊妹妹就觉得朋友不喜欢自己了，她希望朋友最喜欢自己。当别人能做出美妙的舞蹈动作，熊妹妹虽然也特别想做好，但是她感到很嫉妒，甚至想放弃学舞蹈。在别人生日会上，大家的注意力都集中在小寿星上，而熊妹妹希望别人多关注自己。

豆豆问："熊妹妹怎么这么爱嫉妒呀。爸爸，嫉妒了怎么办呢？"爸爸说："嫉妒时可以向别人倾诉，或者告诉别人你的需要，或者可以去做一些事情分散注意力，比如玩玩具、画画、看书。嫉妒对于改变自己处境是毫无意义的，甚至有一定的坏处。与其浪费时间嫉妒别人，不如利用好时间做一些有意义的事情，努力提高自己。我们不必攀比别人，想想我该拥有什么，我能做什么。"

02 培养积极情绪

 减少消极情绪体验

自卑的孩子常常缺乏积极情绪的滋润，会有强烈的挫败感。他们在做完某件事时，大脑可能会下意识地提醒自己：也许还有做得不够好的地方，别人都还在努力，自己不能停下来休息。这种对休息的罪恶感，让孩子无法获得片刻放松，长期处于紧张状态，对孩子的身心发展造成损害。而对积极情感的体验能给孩子带来许多积极的影响。所以，家长一方面要尽量减少孩子的消极情绪，另一方面要培养孩子的积极情绪。

过去的应试教育导致了很多人与书籍痛苦奋战多年。应试的阅读常带来挫败感，有些人可能一辈子都误以为读书就是痛苦的。在素质教育时代，家长要让孩子爱上阅读，就需要把阅读和孩子积极情绪联系在一起，使孩子拥有愉快的早期阅读体验。家长可以通过亲子共读增加积极情绪，减少挫败感。比如，在亲子共读时要保持与孩子的肢体接触，轻轻地抚摸孩子的后背，或者拥抱孩子，让孩子体会到父母深深的爱意。在阅读时，可以穿插一些亲子之间的轻松交谈或者玩笑，让孩子心情放松地享受阅读。这样，孩子才会成为终身阅读者，当他们日后感到挫败或者迷茫时，也会从阅读中寻求快乐。

 营造积极向上的氛围

有的家长喜欢把亲子共读当作"武器"，在看书之前威胁孩子：

"如果你今晚不收拾房间,妈妈就不给你讲故事了。"这样可能会使孩子把书和威胁相联系,长期下来就会积累消极情绪,难以把书本与愉快的心情联系起来。另外,有的家长让孩子误以为书本比孩子更重要,并强求孩子掌握书中内容,无形中把亲子关系给破坏了。**其实,亲子共读并不是为了培养所谓的"天才少年",而是为了创造亲子之间的亲密纽带,培养积极的情绪,在孩子和书籍之间搭建一座快乐的桥梁。**

此外,亲子共读也能陶冶家长性情,在家庭中营造积极向上的情感氛围。有的家长负能量太多,整日怨天尤人甚至悲观厌世。当孩子每天在负能量多的家庭环境中成长,孩子必然感到压抑,无法成为开朗、阳光的个体。更可怕的是,有的家长常常当着孩子面吵架,甚至使用家庭暴力。虽然孩子不理解家长吵架的原因,但是孩子看到了他们吵架时脸上愤怒的表情,看到了家里乱糟糟的打架现场。这都会给孩子留下巨大的心理创伤,让孩子的安全感受到冲击,容易使孩子变得自卑胆怯。所以,亲子共读让家长在一天的忙碌之后,安静下来,感受书本所带来的正能量,从而心灵得到充电。当孩子感受到家长的轻松情绪,家长心灵上的阳光就会照入孩子的心田,促进孩子茁壮成长。家长在心灵上"喂饱"自己之后,就能更好地"喂饱"孩子。

 认识自己的情绪

家长可以通过亲子共读帮助孩子认识自己的消极情绪。比如在读《我的感觉——我好害怕》时,孩子意识到,如果自己做出逃避或想要别人抱抱等行为时,可能就出现了害怕的情绪。通过小熊的故事,让孩子理解"害怕"并非可耻的情绪,而是一种表达个人真正感受的方式。小熊在害怕时通过哭闹、逃避等行为,舒缓害怕情绪。通过诉说自己的感受，可以探究害怕情绪的根源。这时家长可以鼓励孩子说出自己感到害怕的情景，有助于孩子学会认识并接纳自己的情绪。

　　两岁的丹丹家里突然换了保姆，丹丹表现得非常焦虑，早上不让妈妈去上班，晚上妈妈回家上厕所也不肯让妈妈关门。妈妈因此上班多次迟到，而下班后本想好好跟丹丹玩，她却经常哭闹不开心。妈妈看见丹丹揪娃娃兔子的耳朵的小动作，猜到孩子可能对新来的保姆感到不安，于是拿来《我好担心》这本绘本给丹丹讲。

　　故事中的小莉平时总是太担心，无论大事、小事，她总是无时无刻地担心。爸妈会不会突然不见了？自己会不会因为变小在澡盆里淹死？墙如果裂开会不会有怪兽爬出来？院子里的大树会不会砸下来？暖气片里会不会爬出一条蛇？她更担心自己心爱的布娃娃小花瓣儿。虽然爸爸妈妈和奶奶一直劝小莉"不要担心，没有什么好担心的"，但都没有用，小莉还是继续担心。每当小莉非常担心时，她都会搓毛绒兔子的耳朵。小莉又担心，如果她不停止担心，兔子的耳朵会不会被她搓掉？

　　临上幼儿园前，小莉的担心更是越来越多。但在上幼儿园的第一天，小莉竟然自己解决了这个问题，她遇到了一个同样担心的好朋友，小莉和好朋友非常默契，玩得很高兴。当小莉和自己的好朋友在一起时，小莉就连她在家里从来不离身的布娃娃都撒了手。离开幼儿园时，小莉告诉老师："明天我一定会来，不要担心！"

　　丹丹听完这个故事后，也像小莉那样抱着自己的兔子娃娃不停地揪兔子耳朵。妈妈说："小莉的担心是很正常的，她愿意说出来，情绪就会好点。你是不是也像小莉一样有些担心呢？"丹丹点了点头。妈妈抱着丹丹说："我们在新环境中都会有害怕的感受，即使大人也会害怕，不是只有孩子才会害怕。"丹丹后来的焦虑情绪有所缓解。

过了几天,她悄悄地告诉妈妈:"我有点想念以前的阿姨,有些害怕这位新的阿姨,因为还不熟悉。"

 学会调节情绪

当孩子出现焦虑情绪时,如果家长只是一味地劝孩子"不要担心",其实是不太有效的。心理学有个著名的实验,参与者被要求不要想一头"粉红色的大象"。结果没有人能做到。不论怎么努力,参与者的脑海里都会浮现一头粉红色的大象。这只"粉红色的大象",就像那些"消极情绪"——焦虑、悲伤、愤怒、自责、内疚一样,我们越想摆脱它们,它们越是顽固。成人尚且如此,孩子怎么能像按关机键一样听从"不要担心"的指令呢?所以家长应该避免对孩子说"不要"的指令,而是通过比较正面的途径去引导孩子调节自己的情绪。情绪调节是一个比较抽象的过程,而亲子共读可以通过形象的图画和生动的故事,引导孩子安抚自己不安的情绪。孩子的想象力丰富,家长可以引导孩子善用绘本,学会换个角度思考问题,减少消极情绪。

三岁的悠悠刚开始上幼儿园,第一天她还没有什么排斥行为,可能因为还没有反应过来。但从第二天开始,他就非常抗拒,还没有出门就开始大哭,求着妈妈不要送她上幼儿园。妈妈用尽全力都无法带她出门,于是只好先在家里安抚她的情绪。妈妈想起一本绘本《魔法亲亲》,据说是上幼儿园的必读图书。

故事中的小浣熊也不愿意上学,因为他不愿离开妈妈到一个陌生的环境。妈妈告诉小浣熊:"有时我们都必须做一些自己不想做的事。"她温柔地说:"就算那些事刚开始看来很陌生,又令人害怕。可是只要你去上学,就会爱上学校。"妈妈的承诺并没有让小浣熊安心。

于是浣熊妈妈告诉小浣熊一个"魔法亲亲"的秘密。妈妈在小浣熊的掌心印上一个吻。这样每当小浣熊在学校感到孤独的时候,把掌心轻按在脸颊,妈妈的吻就能温暖他的心,他就不会再感到孤独和害怕了。那天小浣熊去上学,他在妈妈的掌心也印下了一个吻,让妈妈在想他时也可以感受到这魔法亲亲。

悠悠好奇地问妈妈:"这个魔法是怎么回事?"妈妈就向她解释:当浣熊妈妈必须和小浣熊分开去寻找食物时,浣熊妈妈就舔小浣熊的手,并且拉起小浣熊的手摩娑自己的脸颊,让小浣熊仔细闻闻妈妈的气味。小浣熊因为有妈妈的气味相伴就不害怕了,安心待在家里等妈妈。悠悠听完觉得有道理。妈妈又说:"我们每个人都有害怕的经历,但是妈妈始终都会支持你。"悠悠后来就让妈妈亲亲她的手,然后高高兴兴地背着书包上学去。在学校里,当她感到担忧时,她就召唤出陪伴自己的想象之吻,紧张的情绪就舒缓下来。她慢慢发现,其实在幼儿园里虽然妈妈没有在身边,但是身边其实有许多保护、照顾和陪伴他的人,她就逐渐感到安心了。

 通过阅读增长见识

阅读能让孩子认识更多不同的人和事,增加生活乐趣。孩子小的时候,父母热情地将世界上各种各样有趣的事物介绍给孩子。家长就像盛大宴会的主人,把孩子当作贵宾,高兴地把所有其他来宾都介绍给孩子,让孩子有宾至如归的感受。通过阅读,孩子能摆脱单一生活圈的局限,具有更加广阔的视野和胸襟。同时,阅读也是一种社交体验,要给予孩子机会去分享阅读感受。通过读后分享,孩子展示了自己的所学内容,自豪感和自信心油然而生。家长应该努力想办法激励孩子展示自己的优势,让孩子通过给别人讲故事表现自己最好的一面。

五岁的悦悦在幼儿园里的一个同学周末刚去了"海洋王国"玩。那个同学回来后就问悦悦:"企鹅是鸟吗?"悦悦记得书中企鹅的形象,好像只是在水里游泳,喜欢在冰上走来走去,但是没有见过企鹅在天空中飞。于是她小声地回答:"企鹅不会飞,所以不是鸟。"那个刚参观了"海洋王国"的同学就"嘲笑"她:"错错错!企鹅是不会飞的鸟!企鹅会下蛋,有尖尖的喙,还有翅膀呢。"悦悦被同学"打击"后有点难过,觉得自己什么都不懂。

妈妈了解到悦悦这个心事后,鼓励她:"宝贝,你同学在'海洋王国'学到新知识就分享给你,是好事情,我们也长见识了。我们最近看了几本有趣的绘本,你也可以分享给同学。"悦悦半信半疑地问:"那我讲什么书好呢?"妈妈就让悦悦找来几本自己喜欢的书,发现《形状游戏》这本书里有几个好玩的故事。悦悦选了其中一个生动有趣的故事。第二天,悦悦把书中的故事分享给小朋友——有两根香肠在锅里吱吱作响。其中一根香肠对另一根香肠说:"哇!这里好热呀!"另一根香肠说:"哇,不会吧!那根香肠会说话!"小朋友们听了悦悦的故事捧腹大笑。悦悦感到很高兴,自信心又恢复了。

03 增强自我效能感

 "我认为我能行"

孩子在成长过程中围绕"自我"主题会出现一系列心理冲突。如果孩子处理好这些冲突,就能拥有强大的自我效能感。自我效能感是孩子对自己能否完成某一任务所进行的判断,即孩子相信自己有能力通过自身行动产生满意的效果。家长可以通过亲子共读提升孩子的自我效能感,增强"我认为我能行"的自信,减少自卑和胆怯心理。

妈妈想送三岁的琪琪上私立幼儿园,在选择幼儿园时感到犹豫不决,于是向朋友打听。有的朋友就选择离家最近的幼儿园,而有的朋友会考虑很多细节,比如校舍建筑是否气派,教室是否是实木地板,教室里是否安装了安全健康的直饮水系统、空气消毒系统。这让琪琪妈妈更迷茫,在评价一所幼儿园时最重要的指标究竟是什么呢?

妈妈无意中看到了绘本《幼儿园里我最棒》,顿时醍醐灌顶。故事中的小朋友们正准备幼儿园毕业典礼,装饰着自己的毕业礼帽,唱歌跳舞不亦乐乎。老师问大家:"幼儿园里最棒的是什么呢?"师生经过一番讨论后,老师揭晓答案:"幼儿园里最棒的当然是你们每一位小朋友啦!"这个回答让正在选择幼儿园的琪琪妈妈陷入沉思。

幼儿园的硬件固然重要,但关键还是要看使用硬件的人。教育的主体对象是孩子,充满生机和活力的孩子才是最重要的。教室里的硬件(比如攀爬架)、教具(比如积木)、软件(比如集体游戏)、教案(比如数学课)、课程安排(如分享时光)等都不是核心,最重要的是孩子能否充满自信地自主探索和学习。琪琪妈妈决定在参观和选择幼儿园时,主要观察幼儿园里的孩子,看看小朋友们是否在幼儿园里拥有自主权,敢于尝试和探索。

 理解自卑感的发展

精神分析学家爱利克·埃里克森认为:每个人的人格形成由贯穿一生的多个发展阶段组成,每个阶段都要解决一个特定的发展任务。家长可以根据孩子每个阶段的心理需求,选择相应主题的书籍进行亲子共读。

在 0~1.5 岁的**婴儿期**，孩子主要面临信任和不信任的冲突。家长不要以为婴儿只是一个不懂事的"小动物"，只管吃饱、睡好、不哭就行。这个阶段，当孩子哭喊时，父母能否及时给予帮助，是孩子建立信任感的重要基础。

在 1.5~3 岁的**学步儿期**，孩子主要面临自主与害羞的冲突。学步儿开始掌握爬、走、说话等技能，开始要自主决定做什么或不做什么，亲子冲突比较明显。父母要引导孩子的行为，使之符合社会规范，养成良好的习惯。但如果父母的管束过于严厉，儿童就会感到羞耻。

在 3~6 岁的**学龄前期**，孩子主要面临主动与内疚的冲突。父母应该鼓励幼儿主动探究，培养其主动性。如果父母讥笑幼儿的独创行为和想象力，幼儿就会失去自信，出现内疚感。

在 6~12 岁的**学龄期**，孩子主要面临勤奋与自卑的冲突。如果孩子顺利地完成学习课程，就会获得勤奋感，在今后的独立生活和工作表现中充满信心。否则，孩子就会产生自卑感。

 妙用"自我实现预言"

心理学家揭示了一种"自我实现预言"现象，即人会根据自己的预言做出某些行为，使预言自我实现。比如，研究者在一所公立小学告知老师：研究者将用一种名为"未来发展趋势测验"的方法，准确地预测所研究的学生中哪些是最有发展前途的人。当然，这种方法其实并不存在，研究者只是随机选了一些学生。结果，学生们在学年末参加一个智力测试时，那些被视为"最有发展前途"的学生比其他同学表现出更明显的智力增长。可见，老师的期望起了自证预言的作用。老师对学生的期望直接影响了师生互动，以及学生的学习效果。

家长可在亲子共读中巧妙运用"自我实现预言"的原理，传递积极的自我概念，强化孩子的自我效能感。比如，绘本《我喜欢自己》通过形象的图画和简单的语言，揭示了如何提升自我效能感的真正奥秘。小猪有自己的兴趣，喜欢沉浸在书的美妙世界里，即使一个人的时候也不会感到孤独；小猪喜欢画画，自娱自乐地画漂亮的画，并把自己的画贴在卧室墙上，提升幸福感；小猪还喜欢骑车，把车骑得很快，旁边的小朋友都投来羡慕的眼神，不仅锻炼了身体，还展现了自己。另外，小猪通过健康的饮食和卫生习惯，把自己照顾得很好。他还掌握了自我暗示的方法，每天早上起来都跟自己说："你看起来棒极了！"孩子如果能领会小猪提升自我效能感的小秘诀，也能变得自信满满的。

 形成超越自己的目标

人本主义心理学先驱阿德勒认为，我们每个人或多或少都有某个方面的自卑感。因为人在婴幼儿期必须依赖成人才能生存，在生理、心理和社会能力三方面都处于劣势，就会有与生俱来的自卑感。幸运的是，自卑感并不是无用的，为了克服自卑，人有了超越自己的目标。自卑可以使人放弃努力，也可以使人坚定信念，发奋图强。家长可以引导孩子阅读励志绘本，增强孩子的自我效能感，培养孩子乐观向上的生活态度。

五岁的进进在幼儿园很胆小，遇到一点挫折就想放弃，他常说："反正我也做不好。"妈妈决定给他多读一些励志书，于是选择了儿童文学泰斗任溶溶的绘本《我属猪》。书里的小男孩有点烦恼，因为他一出生，正好赶上猪年。又因为他爱睡懒觉且做事慢，别人就嘲笑他像猪，让他感到很自卑。

妈妈问："为什么这个男孩有点自卑呢？"进进说："因为他属猪，大家不喜欢他。"妈妈说："大家对属猪的人有刻板印象，这是不对的。"书中的小男孩突然发现，原来有些属"猴"的出奇胖；有些属"马"的不会跑；有些属"虎"的胆特小；有些属"兔"的胆特大。伴随这些惊人的发现，小男孩的世界变了，蓝天代替了阴云，微笑代替了郁闷。他决定做一只不一样的"猪"，一只不馋不懒不脏、身形修长、用功读书的"漂亮小猪"。小男孩不再为自己的属相感到难为情。

妈妈鼓励进进："在我们感到自卑时，不用惧怕。我们可以加倍努力，超越自己。有时候我们离成功可能只有一线之差，只要坚持一下，也许就能发现另有一番天地。"

 使用正面的反馈策略

一些家长只是照本宣科地给孩子读书上的文字，于是孩子只获得被动接受的体验。其实，亲子共读不是"打保龄球"，而是"打乒乓球"。亲子共读不是家长仅仅传达书中的文字，不是简单地向孩子抛出知识或道理，不是"打保龄球"的单向活动。**家长应该鼓励孩子积极参与亲子共读，把共读过程变成"对打乒乓球"的双向互动**。家长应该和孩子相互分享阅读的体验，讨论书中的文字内容，以及图画想要表达的"言外之意"。家长通过提问或者评论，引起孩子回应，加深亲子交流。家长还可以补充孩子的回答，对孩子的回答给予积极评价，增加一些与书中内容相关的信息，用更清晰的方式对书中内容进行重新表达，并让孩子把自己的个人经验与书中内容联系起来。

为了保护孩子的自我效能感，家长应避免在阅读过程中命令孩子。比如，不应该直接喊孩子"快过来看这本书"。家长可以通过一些仪式化的行为，激发孩子自觉地开始阅读。当然，如果家长觉得有一些要求确实很必要，那么提出要求时，应该用清晰、礼貌的方式表达。当孩子服从要求后，家长要给予口头表扬，并解释道理。另外，家长应避免连续提问。假如家长不停询问孩子"这是什么"，"为什么这样"，"这本书讲了什么故事"，孩子可能会因为担心回答不出来，产生挫败感。

妈妈给四岁的芊芊报了个英语班，老师要她拿笔写字母。由于她年龄小，手部肌肉没发育成熟，字母写得东倒西歪。妈妈不满意芊芊写的字母，试图纠正她的握笔动作，却发现没有效果。芊芊也许感觉到老师和父母的不满，很自卑，对英语的学习热情也下降了。妈妈顿悟自己犯的错误：孩子写字美不美是其次，学习兴趣才是最重要的。

当天晚上，妈妈和芊芊读了励志绘本《公主的风筝》。它讲述了中国古代的一个公主，长得很小，所以叫"小小"。在她父皇眼中，四个哥哥就像太阳，三个姐姐就像月亮，而小小就像一颗小不点的星星，父皇常常忽视她。可是，当父皇被绑架，哥哥姐姐全都束手无策时，只有小小勇敢地追了过去。小小想办法用风筝救出她的父皇。皇帝从此对小小非常尊重和疼爱。

妈妈问芊芊："小小公主为什么小时候受到忽视呢？"芊芊说："因为她长得很小。"妈妈问："对像小小公主那样默默无闻的人，我们会看不起她吗？"芊芊摇摇头："不会，小小很厉害，是她救了皇帝。"妈妈说："对呀，每个人都有闪光点，我们不要低估任何人的能力。"妈妈摸摸芊芊的头说："每个人小时候都像小小那样，因为弱小而容易被忽略，有时会觉得自己不如别人，长大后逐渐变得越来越强大。我们学英语也是一样,开始因为不熟悉,可能会有困难,等我们慢慢熟悉了,就会越来越厉害。"

 鼓励提问和表达

有的家长不喜欢孩子在共读时持续不断地发问,抱怨说:"我的孩子老爱问无厘头的问题,老想捣乱打断我讲故事,整个故事节奏都被破坏了。"然而,发问是孩子早期学习的重要方式。家长千万不要忽略孩子的提问,扼杀孩子的好奇心。孩子好问的天性是有时间限制的,培养孩子好奇心的机会稍纵即逝。家长要抓住孩子的敏感期,以耐心的回答滋养孩子的好奇心。家长应鼓励孩子大胆说出已经理解的部分,进而探索没有完全理解的内容。如果孩子提出有关故事背景的问题时,家长应尽快解答,促进孩子理解故事内容。当孩子提出的问题与故事内容毫无关系,家长可以说:"这是个很好的问题,等我们看完故事再来好好讨论吧。"家长要记得这个承诺哦!只有当家长和孩子之间关系是平等的,孩子才会主动参与到亲子共读中。提出自己的疑问,建构自己对于书本的解读。

除了鼓励孩子提问,家长还可以让孩子把书里的故事和读后感讲给别人听。这个过程可以让孩子对书本产生全新的认识。即使是那些看似再明白不过的想法,只要与阅读主题相关,也要让孩子直接说出来。没有什么是用不着多说的。家长不要急着做评论,以免干扰孩子自由探索和表达。同时,家长也应鼓励孩子不要被"众所周知"的观念束缚。

04 探索自身优势

少强调缺点

在传统教育理念下，孩子被明确地或含蓄地告知他们必须"修补"自己的不足，如果没那么做，就不合格。但是，如果家长习惯了用批评或苛责的方式教育孩子，就会在不知不觉中给孩子造成心理伤害，就会使孩子变得过度的胆小和自卑。所以，家长应该更关注孩子的**优势**，**摈弃以缺点为取向**的传统教育理念。

雅雅从小远视，要佩戴矫正眼镜。上了幼儿园后，由于视力不好，雅雅经常在教室边角处被绊倒，尤其在进行体育运动时，常被同学嘲笑。最近，幼儿园正在排练文艺会演，雅雅变得更加自卑，觉得自己戴眼镜表演不好，不想上台表演。妈妈知道是否参加这次表演并不是最重要的，而孩子的心结必须及时打开。妈妈担心戴眼镜让孩子的性格变得胆小自卑，但视力是必须矫正的，眼镜是必须佩戴的，那该怎么办呢？

妈妈想起《破袜子花拉》这本书。故事里的袜子花拉被主人穿破洞了，遭到主人嫌弃，被扔进了垃圾桶。花拉开始还比较乐观，相信自己仍有用处，还会受人喜欢。可当花拉继续寻找需要自己的人时，却遇到了不友善的对待。她发现小鸟和蟋蟀都不需要她、嫌弃她。花拉慢慢失去了信心，觉得自己一无是处，但花拉没有放弃。后来，一位冷得颤抖的老鼠太太发现了花拉，她穿上花拉后，感到很暖和。花拉也很开心，找回了被需要的感觉。后来，老鼠太太和花拉快乐地生活在一起，相互扶持，相互取暖。

讲完这个故事，妈妈没有提马上到来的文艺会演，而是温柔地抱着雅雅。雅雅问妈妈："妈妈，如果花拉永远都遇不到那个好心的老鼠太太，怎么办？"妈妈看着雅雅说："孩子，其实老鼠太太就住在我们每个人的心里。只要我们接受了自己的不完美，欣赏自己，我们就可以和自己快乐地生活在一起！"

胆小自卑的孩子往往喜欢问"我有什么做得不对"，或者"我为什么不完美"。虽然他们在其他人眼中可能相当成功，但他们仍然认为自己不够好，一直希望弥补自己的不足。过度胆小、自卑的孩子经常躲在小角落里，不和人交谈，不主动找机会表现自己。他们似乎无法发现自身的优势和价值。长此以往，孩子的情绪状态也会受到影响。所以家长应该避免过度强调孩子的不足之处。

 发现孩子的优势

为了让孩子克服胆小自卑的心理，家长应帮助孩子探索他自己的优势，让孩子明白人无完人，即使自己有不足，也不能全盘否定自我，无须因不足而感到沮丧。由于孩子年纪比较小，人生经历有限，很难从整体上去概括所谓的优势或不足。而绘本能通过生动简洁的故事情节，简化人物特性，帮助孩子理解并且发现自己的优势。

润润因肤色较深常被同学取笑为"黑珍珠"，她感到很郁闷。妈妈给她读了绘本《宝儿——一只没有羽毛的大雁》：一对大雁夫妇生了六只雁宝宝，小雁们看起来都差不多，但有一只叫"宝儿"的小雁有点儿不同，因为她没有羽毛。为了弥补宝儿的这个缺陷，大雁妈妈给宝儿织了一件灰色的羊毛背心，充当羽毛。宝儿很喜欢自己温暖的毛背心，想让同伴来欣赏一下，但同伴都嘲笑她。宝儿因害怕同伴嘲笑，自己躲起来哭泣，错过了学习飞翔和游泳的宝贵时机。

当天气开始变凉时，大雁们都要飞到暖和的地方觅食和栖息。宝儿没法跟着大家一起走，因为她不会飞，只能悲伤地看着同伴离去。大家没有注意到宝儿，因为大家都在为生存而忙碌着。润润为宝儿担忧，着急地问："宝儿后来怎么样了？"妈妈说："宝儿虽然有点与众不同，但她只要找到自己的优势，努力肯干，也能过上快乐的生活。"宝儿在一条船上用自己长长的喙把绳子卷好，把船板上的面包屑捡干净，尽自己所能帮助船长干活。宝儿的努力获得了回报：她换来了食物，和船长、大副成为好朋友，宝儿在船上安心地栖息着。船到达伦敦后，船长决定把宝儿留在一个皇家植物园。那是一个很大的公园，有很多大雁，一年到头都可以住在那里，不需要迁徙。更让宝儿开心的是，那里的大雁们并不嘲笑宝儿没有羽毛，因为这个公园有着各种各样的鸟儿。润润很高兴听到这个"完满的结局"。这时妈妈说："宝儿通过勤奋与努力，把自己的优势发挥出来，虽然她没有羽毛，但靠着长长的喙和认真工作的态度，最终渡过了难关。"

 纠正自卑心理

自卑的形成往往源于儿童时代。自卑会对孩子的心理健康产生消极影响，所以家长要留意自己的孩子有没有自卑心理，尽早帮助孩子克服和纠正自卑心理，避免随年龄的增长而影响孩子性格的形成。李白在《将进酒·君不见》里曾潇洒地表达了"天生我材必有用，千金散尽还复来"的豪情。这个世界上的每一个人，都有自己的优势和劣势。真正完美无缺的人是不存在的。再优秀的人也会有劣势，再平庸的人也有优势。家长应通过亲子共读让孩子认识自己的优势和劣势，淡然面对生命中的那些"不愉快的小插曲"。只有当孩子相信"天生我材必有用"，孩子的一生才会变得绚丽多彩。

阿宇在幼儿园学拍皮球，但他动作笨拙无法连续拍球，而其他同学已能灵活地拍十几下，甚至能左右手换着拍，或运球前进。老师说，阿宇最近一见到自己搬皮球出来给小朋友玩，就假装说要拉大便，躲进厕所里不愿出来练习拍球。妈妈觉得阿宇的运动能力其实挺好，喜欢跑步、骑车，可能由于自卑心理而拒绝练习拍球。

妈妈找来了一本名为《嚓，嘭！》的绘本给阿宇讲。故事里一只叫"西蒙"的小鸟在还没学会飞翔时，对外面的世界充满了好奇，以为自己能像父母一样飞翔，结果一出鸟巢就掉落下来。还未等他喊出"救命"，就重重摔在地上。当时他脑袋里就只发出了"嚓－嘭！"的声音。后来西蒙学会了飞翔，但由于第一次学飞的创伤，不管父母怎样教他说话，他都只能发出"嚓－嘭！"的声音。别人都叫他"嚓－嘭！"，他很难过。阿宇听着，脸上也露出了痛苦的表情，阿宇想起自己拍球受挫的经历，感同身受。

有一天，又聪明又有爱心的老兔子卡尔希望帮助西蒙，让西蒙重新找回自己，快乐起来。那天，西蒙竭尽全力地对着大海叫呀叫呀，仍然发不出其他声音。突然，有一只不会飞但向往飞的小鸟从鸟巢里摔下来。面对这种突发情况，西蒙很快飞过去接住了那只小鸟，让它免受了自己曾经的痛苦。救援时，西蒙飞得那么优美。卡尔被震撼了，召集了森林里所有的动物参加西蒙的飞行秀。

西蒙带着红色飞行帽，在天空恣意飞翔。此时，动物们纷纷大声为这场森林中最精彩的飞行表演喝彩。尽管西蒙仍然只能发出"嚓－嘭！"的声音，但那已经不再重要。不完美的小鸟也能逆风飞翔，找到自己的优势。阿宇看着西蒙充满自信的笑容，感受到西蒙的自信与满足。阿宇自己心中不安的情绪也随之释放。妈妈说:"每个人都有自己的优势和劣势,虽然西蒙只能发出'嚓-嘭!'的声音,但他是一只飞得很棒的鸟,他找到了自己的优势。"从此,阿宇不再逃避练习拍球,拍球动作也慢慢熟练起来。

 避免急功近利

在孩子探索自己的优势时,家长要避免因急功近利而干扰孩子的自由探索。比如,有些家长希望从小培养孩子某方面的才艺,希望孩子有一技之长,以后升学可以获得优势。为此,家长风雨无阻地接送孩子穿梭于各种兴趣班,并付出昂贵的课程费和考级费。至于孩子究竟是不是发自内心喜欢那些兴趣班,家长并不考虑。这些特长也许能让孩子获得一些"聚光灯体验",或者获得一些奖状或奖杯,但却无法让孩子摆脱自卑、胆怯的心理。孩子真正需要的是自主地探索自己的优势。

家长在给孩子选书时,常常会选择《木偶奇遇记》或《宝葫芦的秘密》这类意义特别明确的故事,希望孩子能从书中立刻学到一些道理或知识。然而,孩子最喜欢且觉得最重要的东西,往往是家长认为没有意义的事情。儿童文学作家梅子涵说过一句特别巧妙的话:"没有意义很有意义。"他认为如果在孩子小时候**不苛求他总要从故事里找意义**,孩子长大以后才能够从书里、从文学里、从社会活动里,发现意义,并且发现无限诗意。所以,他认为孩子可以看一些意义不那么鲜明的故事。比如他写序的一本叫《从前有个小孩》的绘本,书中的人物有点滑稽,插图里的物品散落且貌似无序,家长很可能不会喜欢,因为不知道故事的意义或"中心思想"是什么。但很多孩子看了这个绘本都很兴奋,因为这个故事符合孩子的心理,自由奔放,彰显童年的生命意义。当孩子在读书时获得探索的自由,才能找到自己的优势所在,从而在内心建立起真正的自信。

只有当家长放弃追寻成人世界的所谓"意义",放弃对孩子的控制,孩子才能自由成长,才能展现自己最与众不同的优势。正如日本作家黑柳彻子的儿童文学作品《窗边的小豆豆》,讲述了作者上小学时的一段真实故事。小豆豆(即作者)刚开始因淘气被学校退学,后来到了巴学园。巴学园有着与众不同的教育理念,让孩子穿最脏的衣服来学校,这样孩子能够毫无顾忌地玩耍,不用担心弄脏衣服。只有成人放弃对秩序感的追求,孩子才能自由自在地探索。在巴学园,每一天的第一节课,老师会把当天要上的课和每一节课的学习重点都写在黑板上,于是小朋友就可以选择从自己喜欢的那门课开始,这样老师慢慢地就发现了每一个学生的兴趣所在,并且帮助孩子发挥自己的优势。一般人眼里"怪怪"的小豆豆,在巴学园度过了人生中最美好的时光,并且成为一个对生命有意义、对世界有意义的独立个体。

05 实现系统脱敏

 循序渐进地脱敏

家长可以通过"系统脱敏法"循序渐进地调整孩子的自卑胆怯心理。所谓系统脱敏法,就是通过一系列步骤,**按照刺激强度由弱到强**,逐渐训练孩子的心理承受力,增强适应力,最终让孩子对真实体验不产生"过敏"反应。亲子共读让孩子以旁观者的心态,面对一些在现实生活中孩子可能无法应对的事件。家长可以逐步疏导孩子的情绪,让孩子逐渐学会自己应对相似的事件。在这个"脱敏"过程中,家长要多花时间陪在孩子身边,以积极肯定的态度鼓励孩子,强化孩子的自信心。同时,通过亲子共读给孩子创造机会,让孩子表现自己并尽可能多地体验到成功的欢乐。

丹丹从小跟着奶奶生活,父母外出务工。自从上小学以来,她成绩变得很差,上课不专心。尤其在语文课上,她从来没发过言,不敢表达自己的看法,老师布置的阅读作业她都不感兴趣,对老师的指导也置若罔闻。她也很少和班里的同学交流,害怕受到同学嘲笑,她经常找理由不参与班里组织的活动,在班里几乎没有什么朋友。语文老师发现丹丹的问题,找她的父母谈话。老师认为丹丹出现自卑胆怯倾向可能因为亲情缺失,需要父母尽快改善家庭教育方式。老师还建议丹丹妈妈进行亲子共读。

妈妈知道丹丹问题严重后,决定辞掉工厂的工作,陪在丹丹身边,并多和老师沟通,了解丹丹在学校的情况。丹丹完成作业后,丹丹妈妈就鼓励丹丹和自己交流心得。妈妈还坚持每天和丹丹一起读课外书,提高丹丹的阅读兴趣。妈妈在亲子共读时先让丹丹挑选比较容易的书,再挑选有难度的书。妈妈笑着说:"这就像刚开始学骑车时,先骑小车,再骑大车。"亲子共读一段时间后,丹丹的表达能力和胆量大大提高。

 进行角色扮演

一些家长对孩子要求过于苛刻,总喜欢把孩子放入横向比较中,导致孩子胆小自卑,缺乏自信心。家长可以使用系统脱敏法,让孩子在角色扮演中,表演权力较高的一方,实现权力反转,恢复孩子的自信。角色扮演以模拟真实情境为主要形式,引导孩子通过对人物角色的分析和表现,提高社会认知水平和解决矛盾冲突的能力。家长在亲子共读中可以运用角色扮演的方法,循序渐进地帮助孩子更加清楚地了解自己和他人,从而使孩子学会在现实生活中解决问题的方法。

涵涵今年4岁,从小就很胆小,不敢在陌生人面前讲话,也很少跟同龄人玩耍。妈妈平时对她有很多的保护和限制,怕她磕着,怕她摔着,总把她带在身边,对她期望较高。爸爸性格老实内向,跟陌生人说话容易紧张。涵涵最近在幼儿园里多次被小朋友欺负,她不敢跟老师说,只是默默地流泪。老师建议家长给孩子一些时间,耐心鼓励,积极引导,不要当面说孩子胆小,以免伤害孩子的自尊心。

妈妈决定先从简单的人际交流开始,循序渐进地减少涵涵对社交情境的焦虑。于是,妈妈买来《小熊宝宝绘本——你好》。书里画的是小熊出门见到了几个小动物,有鼹鼠、刺猬、大象、猴子等。每见到一个小动物,这个小动物都会发出自己所特有的拟声词。小刺猬是蜷成球滚过来的,拟声词就是滚过来的声音"咕噜,咕噜"。小熊发现是小刺猬,就向她问好,小刺猬也用"小熊,你好!"来回应他。

妈妈对涵涵说:"你好!你好!大家见面要问好。涵涵,今天说'你好'了吗?"涵涵有点不好意思地说了声"你好",同时还模仿书中的小动物招了招手。

 逐渐引入新刺激

孩子的恐惧和胆怯情绪虽然令他们很不愉快,却对于他们的生存起到了重要作用,因为恐惧、胆怯预示即将发生危险,使孩子获得时间保护自己。那些引发胆怯的事件本身并不总是危险的,但它们通常在危险之前出现,或与危险相联系。比如,孩子醒来时发现自己独自在黑暗的房子里，这并不危险，但是可以使孩子胆怯。如果孩子把灯打开，看到真实存在的危险，孩子很快就从胆怯进入到彻底的恐惧。如果孩子发现没有什么特别的事情发生，他们的紧张情绪则会得到缓解。只要孩子经历的事情多了，见过的世面多了，孩子就没有那么胆小自卑了。家长可以通过亲子共读引导孩子多认识世界，增长见识，逐渐增加胆量。

通过亲子共读，家长可以耐心引导孩子尝试了解不同的新环境、新刺激。刚开始时，孩子面对新环境或多或少会出现不安情绪，家长应该关心安抚，鼓励孩子大胆尝试。当家长放手让孩子去接触新环境的时候，孩子可能会在情绪上出现不安和焦虑，家长这时要保持理性，不能过度保护孩子。这个世界上几乎所有的爱都以聚合为目的，只有一种爱以分离为目的，那就是父母对孩子的爱。父母真正成功的爱，就是让孩子作为一个独立的个体，从父母的生命中温柔地分离出去。

比如，分床或分房睡觉是孩子成长过程中的一个标志性事件。家长要鼓励孩子探索。在刚开始时，家长可以和孩子在每天睡前读绘本《勇敢的小象》。故事中的小象要独自进行一次历险，他为此做足了准备工作：小象吃完晚饭，穿上象叔叔的翻毛大衣，戴上象爷爷的高礼帽，蹬着象爸爸的大皮靴，分别跟象妈妈、象奶奶、象爷爷、象爸爸打招呼，手里拿着他的灯笼，夹着宝剑，抱着小熊，还有满满一篮子食物。一切准备就绪了，勇敢的小象出发了，他毫不畏惧地离开父母。这是他头一次在没有任何人陪伴的情况下独自上床睡觉。这是一个有趣的睡前故事，孩子可以感受到大象一家的温馨互动，家长也可以学习如何鼓励孩子独立地探索新的生活"课题"。

扩宽生活体验

家长在亲子阅读时应注重孩子的生活体验，拓展孩子接触的环境。光读书给孩子听，还是不够的。还要让孩子掌握故事的背景知识，丰富真实的生活经验。书上的文字只是个开端，家长在读书之余可让孩子增加真实体验。**比如在读完一本书后，加入一些"立体"的活动，让孩子从不同的感觉通道去体验生活**。在亲子共读的同时，鼓励孩子学习生活技能，增加孩子在生活中的控制感和自信心。

家长可以在亲子共读的同时加入劳动技能的教育。很多家长不够重视劳动技能教育，我们经常听到的口头禅是"君子远庖厨"，他们认为自己家孩子应该成为高端人才，不需要做家务活。《孟子》里的这句话其实被曲解了。原文是："君子之于禽兽也，见其生，不忍见其死；闻其声，不忍食其肉。是以君子远庖厨也。"意思是：君子不忍心看到禽兽被杀死，只要听到它们的声音，就会不忍心吃它们的肉，所以远离屠宰场或厨房。"君子远庖厨"这句话是孟子劝诫齐宣王实行仁术，并不是说孩子就不需要做家务活，不需要学习劳动技能。

五岁的丁丁喜欢看书，但在幼儿园里常因动手能力差而感到自卑。妈妈反思，认为可能是因为丁丁在家被家人照顾得太好了，缺乏机会锻炼动手能力。于是妈妈买来《朱家故事》给丁丁讲，希望引导孩子多参与家务，增强动手能力。故事里的朱先生夫妇和两个儿子住在一栋很好的房子里。每天，朱太太要为朱先生和儿子们准备早餐和晚餐，还有洗碗、整理房屋等一堆家务在等着朱太太。朱太太儿子的口头禅是："妈，早餐呢？快点儿！"

妈妈问丁丁："你在吃早餐的时候也会这么说吗？"丁丁不好意思地点点头，承认自己吃早餐之前也是这么和妈妈说的，还有些得意地说每天早上妈妈都把早点端上桌让自己吃。妈妈问："朱太太是心甘情愿这么做的吗？"丁丁想了一会儿，把书合上，指着书的封面说："朱太太的表情分明是不太情愿，她很不开心。"妈妈点点头，继续讲。有一天，朱太太不见了，只留下一张纸条："你们是猪。"自此，朱先生家里变得有些不一样了。朱先生和孩子们都变成猪了。妈妈问丁丁："为什么朱太太一走，他们就变成猪了呢？"丁丁说："我觉得他们一点事都不干，只知道吃，像猪一样，所以变成猪。"故事的结局是：朱先生在家做饭、烫衣服，他把朱太太原来的活儿都干了。朱太太也回来了，变得快乐了。

丁丁妈妈跟丁丁说："你也想像朱先生和他的儿子们一样吗？"丁丁赶紧说："我不想，我想帮妈妈做家务。"从此，丁丁开始主动帮妈妈干家务，他的动手能力也越来越强，人也变得越来越自信了。

"行是知之始，知是行之成。"家长应该以亲子共读为开端，激发孩子学习劳动技能的兴趣，鼓励孩子参与劳动实践，在劳动实践中拓展自己的见识，培养自信乐观的品格。

第四章
通过亲子共读缓解孩子的多动问题

——

有些家长说起亲子共读,很无奈地说:"我孩子太好动了,一点都坐不住,根本不爱看书。"一些孩子确实天性好动,从小就不喜欢身体受束缚:不喜欢被子包裹,不喜欢穿笨重的厚衣服,不喜欢被人抱住,不喜欢被固定在手推车或安全座椅里。多动的孩子运动能量比较足,整天爬高爬低,到处奔跑都不觉得累。这样的孩子能安安静静地坐下来看书吗?其实,好动和不爱看书之间的关系是错综复杂的。有可能好动的个性使孩子静不下来看书,也有可能缺乏阅读习惯使孩子还没习惯安静下来。

多动的孩子更需要阅读启蒙

无论多动的孩子能否坐下来看书,他们终究需要读书。书籍始终是孩子成长过程中必不可少的精神食粮,阅读是打开孩子心灵的一扇窗户。此外,孩子还要为应付升学考试而进行各种阅读。在"大语文"时代,阅读所占比例越来越重,阅读将是所有孩子必须跨过的一道鸿沟。同时,通过家长的耐心引导,孩子的多动倾向可能在阅读训练中得到缓解。所以,家长没有必要因为孩子好动就搁置亲子共读。

翰翰太好动,坐不住,每到周末父母就头疼,不知道怎么消磨他过于旺盛的精力。如果带他到户外,他会像脱缰的野马,到处乱跑,管都管不住;如果带他拜访亲友,他会迫不及待地探索新环境,东摸西碰,显得十分没有礼貌,甚至弄坏主人家的东西;父母想给他读书,但是他看一眼封面扭头就走了,完全没有兴趣。父母花了很多心思,终于找到一本绘本,觉得应该合他"胃口"。爸爸说:"翰翰,你看这本书多有趣啊,书名叫《好脏的哈利》,这只狗为什么这么脏呀?我们一起来看看吧。"翰翰似乎被这有趣的书名吸引住了,坐下来听爸爸讲这本书。

故事里的狗叫哈利,原本是一只"有黑点的白狗"。它什么都爱尝试，就是不爱洗澡。有一天，不想洗澡的哈利溜到外面玩耍，弄得身上脏得不能再脏了。到了傍晚，脏兮兮的哈利竟变成一只"有白点的黑狗"。听到这里，翰翰哈哈大笑，他特别有共鸣，似乎哈利就是自己的化身，他也经常因为四处玩耍而把自己弄得脏兮兮的。

爸爸接着告诉翰翰："哈利遇到一个难题，他把自己弄得面目全非后，连主人也认不出它了，哈利没法回家了。"翰翰着急地说："那可怎么办呢？"爸爸就说："我们赶紧和哈利一起想想办法吧。"翰翰想了想，说："哈利可以告诉主人，他就是哈利。"爸爸摇摇头说："可是哈利还不会说话，主人听不懂他说的话。"翰翰就着急地对爸爸说："你快给我讲，后来故事怎么样了？"爸爸就说："这也难不倒哈利，他聪明地想到一个办法，洗个澡让自己变回原来模样，他又成为大家喜爱的哈利了。"翰翰满意地笑了，他把这本书从爸爸手里拿过来，反复地翻看，尤其专注地看着最后哈利洗完澡的温馨画面：哈利高兴地摇着尾巴，一家人温柔地给他梳理身上的毛。翰翰抱了抱爸爸，似乎在想"虽然我那么调皮，老是玩得一身脏，有时还会让爸爸妈妈生气，但是谢谢你们仍那么爱我"。

01 保持内心安宁

很多父母埋怨孩子好动不爱读书，其实这往往说明家里缺乏合适的读书环境。多动的孩子恰恰需要通过亲子共读带来内心的安宁。有研究表明，干净整洁的环境更能引发孩子有秩序的行为。所以，家长应该尽量创设一个整洁的读书角，让孩子能进入平静的阅读心境。比如可以在家里光线充足、比较安静的角落，布置一个专属于孩子的读书角。在读书角的周围放几把舒适的椅子，一张小桌子，或者铺上一个垫子，亲子在此共享读书的乐趣。

 布置整洁

孩子的读书角以简洁、干净为首要原则。哪怕只是在干净明亮的窗边，安置一个小书架，放一张小凳子，虽然简单，却也是个用心布置的阅读小空间。座椅应该是舒适的，使得孩子能较长时间地安坐阅读。读书角最好每天进行打扫和整理，确保环境干净、整洁。家长还可以鼓励孩子参与维护读书角的卫生，这是让孩子修身养性的好办法。孩子都喜欢模仿家长和帮助家长，只要家长积极引导，孩子就能乐在其中。另外，可以让孩子读一些相关主题的绘本，提高孩子的劳动兴致。

三岁的楠楠常把书架上的书翻得乱七八糟，妈妈给她重新收拾好，没几天就又乱了。妈妈觉得是时候给孩子进行劳动教育了。于是妈妈买来《古利和古拉大扫除》给楠楠读。妈妈发现原来这本书的作者是手足情深的两姐妹。姐姐中川李枝子负责编文字故事，妹妹负责画插图，两姐妹共同创作了很多脍炙人口的作品。这本书蕴含着丰富的生活趣味，就连打扫卫生这么琐碎的事情，也能变成孩子们喜爱的故事。

故事发生在初春的一天，阳光明媚，但古利和古拉发现屋子里到处都是灰尘，窗户一个冬天都没打开通风。于是他们决定"今天大扫除"！他们找来清洁工具开始搞卫生：清理废旧垃圾、扫地、掸灰、擦拭。辛苦的劳动在他们两人眼里像游戏一样好玩，还吸引了一群小伙伴围观，大家都夸"屋子打扫得好干净啊"！楠楠读完这本书，对妈妈说："我也想要大扫除。"妈妈说："好呀，我们先来收拾书架吧，一起体验清扫的快乐。"

孩子参与维护读书角的卫生，能提升孩子的觉察力和感知力。在日本就有著名的"清扫学习会"，其创办人键山秀三郎倡导一种"扫除道"的哲学。他认为，当人们专注于搞卫生时，会更加敏锐地关注每个细节，重视每个步骤的操作，做事也会变得更加细腻、井然有序。比如，当家长发现书柜的玻璃门沾了灰尘，可以让孩子用手指在书柜玻璃上写下自己的名字，这样孩子就能清晰地感受到灰尘的存在。然后让孩子拿张旧报纸把自己的名字连带玻璃上的灰尘一起擦拭干净。又比如当家长发现书房的地砖脏了，可以让孩子先把其中一块地砖擦干净，这样孩子就能明显感知到已经擦干净的地砖和旁边没擦的地砖之间的差别。然后再让孩子擦拭其他还没有擦的地砖。家长带领孩子保持读书角的卫生，能培养孩子敏锐的觉察力和细腻的感知力。

"扫除道"认为，"清扫一个地方，就赋予了其生命，扫除者将受益于它"。比如，当我们把小汽车擦洗得干净、光亮时，那么开车时的动作就可能更轻柔一点。如果汽车上满是落叶、鸟粪和泥灰，我们开车时的动作可能就会粗野一点。所以，家长不妨让好动的孩子也参与到清扫读书环境的工作中。清洁的环境能够让孩子心中的浮躁消失，做事更稳重。

 **色彩简洁**

家里的读书环境不应过于鲜艳夺目。如果孩子阅读环境的色彩

过多,容易影响视线的集中度,时日一久则可能导致注意力分散。一个反面例子是很多家长都曾带孩子去过的电玩城。商家为了吸引小朋友的眼球和促进消费,使用了极其艳丽的色彩和灯光,还配合了吵闹的声效。如果孩子在电玩城待的时间过长,很可能出现脾气暴躁、注意力涣散等问题。即便是大人也会有不舒服的感受。现在的孩子并不缺少艳丽的色彩,缺少的往往是一种能让他们在这个嘈杂社会中安静下来的环境。因此,家中的读书角最好能避免使用过于艳丽的颜色,以减少空间的凌乱感。

家长在设计读书角时可以选择以原木色或者纯色为主。采用一些纯色的设计可以让孩子把注意力集中在书本上,而不被多余的色彩抓取了注意力。其实单纯的颜色反而会产生和谐的视觉效果,看上去让人觉得舒服、和谐。简单的色彩让孩子的心灵更加宁静安逸,避免引发坏脾气与紧张感。一个色彩和谐的读书角能让多动的孩子平静下来,更好地进入阅读状态。比如,靠墙放一个原木书架,旁边摆两个藤编圆凳,小小的阳台也能成为一个采光良好的小书房。又比如,在屋子的一角,铺上柔软的地毯,摆上小书架,放一张纯色的沙发,拉上淡雅清新的布帘,让孩子安静地看一本自己喜欢的书。

 摆放有序

读书角有序的环境可以帮助好动的孩子保持心境平和,保证精神专注。家长可以和孩子一起按照一定的规则摆放图书,装饰图书角,制作分类的标签。孩子还可以按自己的喜好为图书进行分类,例如高的放上面,矮的放下面;或者常看的放下面,不常看的放上面;或者不同的系列放不同的位置。家长要让孩子对图书角有一种归属感。父母最好不要随意翻动孩子的图书，要让孩子知道这是专属于他们的地方，他们有责任摆放好、管理好。孩子有序地摆放和整理书籍，能帮助他们形成平和、严谨、求实的品格。

有秩序的阅读环境能促进孩子在阅读中保持平静和愉悦的心情。为了便于孩子摆放书籍，图书角的高度应该跟孩子的身高相符。家长在设计图书角时也要考虑孩子的身高。比如，可以在靠窗的位置放一个直立的书柜，窗下放一个低矮的书柜形成飘窗，再铺上一层棉垫，放上几个抱枕。或者在墙角两边的墙上装上几排低矮的置书架，放一张舒服的迷你沙发。这些都是适合孩子身高的阅读空间，成为孩子温馨的阅读小天地。

当读书角的图书摆放整齐后，家长还要鼓励孩子在阅读之后把图书归回原位，培养孩子的秩序感。首先，家长可以为孩子示范，按照孩子给图书角所贴的分类标签，一本一本地放回原位，一边放一边解释为什么这本书要放在这里。然后，家长拉着孩子的手，把书放在孩子手上，一起把书一本本地归位。慢慢地，家长可以让孩子自己完成，家长在旁尽量不要干涉，中途孩子可能就会自己发现错误并自行纠正。完成任务后家长可以给予鼓励，并带孩子欣赏书本归位后的效果。由孩子自己将书归位，培养孩子爱护书本的意识和责任感。坚持下来，就能培养孩子的规则意识和秩序感。

 规律的日程安排

虽然孩子随时可以自由地从书架上取书阅读，但家长最好给孩子规定相对明确的亲子共读时间（比如每晚临睡前的20分钟，或者晚餐后的半小时），让孩子意识到在固定的时间会和爸爸或妈妈一起看书。这能帮助孩子养成有规律的亲子共读习惯。每当亲子共读时间到了，家长就用简单的表达告知孩子，比如"读书时间到啦"，确保孩子明白父母的指令。家长也要以身作则，尽量保证亲子共读的时间。

家长在亲子共读的时候要注意力集中，给孩子树立榜样。一些家长给孩子读书时忍不住看手机，或者故事读到一半，就跑去接电话。其实，孩子从小就对亲子互动非常敏感。有一项婴儿心理学的研究，让四个月的宝宝先和妈妈进行面对面的积极互动，比如妈妈跟孩子微笑着说话和哼歌。然后妈妈按照研究者事先提出的要求，突然终止亲子之间的互动，面无表情、保持沉默地看着宝宝。这时，宝宝立刻觉察到有什么不对劲，他们扭动小小的身躯，试图吸引妈妈的关注。宝宝在尝试无效之后，就会变得失落、难过，甚至大哭起来。所以，孩子年纪虽小，哪怕只有四个月大，已经非常渴望父母能够全心全意地跟自己交流，他们早就对人际互动有较高的敏感性。因此，家长亲子共读时切忌貌合神离，应该避免心不在焉地给孩子读书。

有些家长会说："我工作很忙，手机来电不断，不得不接电话，很难全身心地给孩子读书，干脆就给孩子听手机上的读书音频算了。"其实，有声书不能取代父母为孩子朗读。它不像活生生的父母，可以随时给孩子一个拥抱并回答他的问题。此外，当孩子只听音频，不能同步看书上的插图时，就好比如去电影院看一场只有声音没有画面的电影，那样的效果肯定不好。

当然，有声书可以作为亲子共读的一个补充材料，填补孩子的一些闲暇时间。比如，当孩子坐在汽车里上下学时，如果路途较长，那么给孩子听一些有声故事或者诗歌也是不错的选择。这样孩子可以充分利用时间接触更加丰富的词汇，对理解纸质书也是有帮助的。如果家长和孩子能够共同分享有声书，比如在听故事过程中根据孩子的反应，暂停播放并且提问，比如问孩子"你认为主人公为什么这样做"或者"主人公这样说是什么意思"，就能达到更好的听读效果。

02 培养专注力

孩子读书时一般都很好奇书中的主人公接下来会发生什么事情。如果家长能充分调动孩子的这种好奇心，亲子共读就能有效培养孩子的专注力。当然，专注力的培养并不能一蹴而就，要循序渐进。家长可以先从短篇的绘本开始，逐渐过渡到长篇的绘本，然后尝试一些已经被分成若干章节便于阅读的短篇小说，最后才是100页以上的长篇小说。如果孩子过于好动，不愿意坐下来听故事，可以给孩子一张纸和笔，允许孩子一边听家长读书，一边涂鸦。家长引导孩子从完全依赖书上的图画了解故事内容，逐渐转变到可以接受越来越多的文字。当家长尝试给孩子读一些较长的故事书后，孩子的注意力持续时间会更长，会进行更复杂的思考。

 培养注意力的四个方面

孩子的好动行为可能跟注意力的发展不完善有关。有些家长听到老师说自家孩子的注意力不好，就会辩解"孩子打游戏时很专注，所以孩子的注意力肯定没有问题"。心理学的研究表明，注意力是复杂的，包括以下四个方面的能力：**保持注意力的能力，选择性关注事物的能力，在不同事物之间切换注意力的能力，分散注意**

力以同时进行多个任务的能力。

如果一个孩子能专注地连着几个小时打电子游戏，那只能说明他保持注意力的能力还不错，但是这并不代表他能自主地选择自己关注的事物并抑制高强度的视听觉刺激的干扰，也不代表他能灵活地在不同的注意点之间切换，更不代表他能同一时间关注并完成多个任务。这四个方面的注意力都是很重要的。俄国教育学家乌申斯基说："注意力是我们心灵的唯一门户，意识中的一切都必然要经过它才能进来。"家长应该在孩子很小的时候就开始通过亲子共读，让孩子提升这四个方面的注意力。

宁宁妈妈希望培养孩子对书的亲近感。孩子出生后，只要是醒着，妈妈就一边抱着她，一边给她念书，念各种故事或者诗词。等宁宁年龄稍微大些，专注力发展得更好一些后，妈妈就常常给宁宁看一些识物书，她看到物品的图片就高兴得手舞足蹈。有时妈妈要做家务，就在床上放些识物书，让宁宁自己选着看。等宁宁再大一些妈妈一般在宁宁入睡之前，用故事哄她入睡。

宁宁就这么跟书本亲密接触了三年，她已习惯了通过看书让自己获得平静。有时周末晚上父母有点累了不想念书，但是宁宁还是想让妈妈给她读书，她知道读书能让自己平静入睡。还有些时候，宁宁醒早了就自己起床拿一本书看，等爸爸妈妈起床后，她就跑过去给他们讲她刚刚看到的故事。慢慢地，阅读拥有了神奇的安抚作用。如果宁宁情绪暴躁想发脾气，给她一本书看，她就会安静下来。

 激发阅读兴趣

很多优质的绘本，都通过精美的图画，富于表现力的语言，以

第四章 通过亲子共读缓解孩子的多动问题

及曲折的故事情节，吸引孩子的注意力。如果家长陪着孩子一起阅读，那么家长的音容笑貌，以及亲子共读过程中的亲密接触，对孩子来说都是非常有吸引力。通过读书，孩子能够练习把关注点放在书上，不去关注周围的噪声或者玩具；也学会根据家长读书的节奏，选择性地关注正在描述的画面；随着故事情节的发展，能够灵活且快速地在不同人物和事物之间转换注意力。孩子还需要同时兼顾听觉通道和视觉通道的输入信息，一边听家长说话，一边看图画，可能同时还要思考家长的提问，并且组织回答的语言。所以，家长可以通过亲子共读，训练孩子多个方面的注意力，提高孩子的专注程度。

对于比较好动的孩子，家长可以先从孩子的兴趣点入手。比如，很多男孩比较喜欢探险或者富有神秘色彩的图书。比如涉及汽车、飞机、枪炮、战争、恐龙、海盗等主题的书，会让男孩一看就很着迷。然后家长再慢慢引导他们形成读书的习惯。兴趣是孩子最好的老师，让孩子喜欢读书的第一步，就是让孩子找到自己的兴趣点。所以家长在给孩子选书的时候要多考虑孩子的喜好。

蒙蒙今年四岁了，老师反映他在幼儿园参与活动容易分心，专注的时间较短，常受外部环境干扰，有很多小动作，希望家长在家多训练孩子的专注力。蒙蒙妈妈其实早就注意到蒙蒙的专注力不够好，她认为蒙蒙注意力稳定性差，不能维持，容易被打断。妈妈决定多陪蒙蒙读书。但是，蒙蒙这么好动，怎样才能让他坐下来看书呢？

妈妈利用蒙蒙对汽车特别着迷的这个兴趣点，在书店给蒙蒙买来一本名为《看里面——揭秘汽车》的绘本。这本书确实激发了蒙蒙的阅读兴趣，他看到这本书后简直爱不释手。这本书展示了不同年代的各种汽车,还介绍了汽车的生产和赛事,带领小朋友近距离接触汽车的结构,直观地感受汽车的魅力。妈妈觉得这本书最大的特点是互动设计非常巧妙,蒙蒙非常专注地尝试这本书里的翻页、滑动标签、拨转盘等,觉得非常有趣。他和妈妈在轻松快乐的氛围中探索着汽车的世界,发现一个又一个汽车的奥秘。

家长也可以选择一些专门用以训练孩子专注力的书籍,帮助孩子提升注意力的长度、宽度和稳定性。比如,《我的第一本专注力训练书》,有点类似"大家来找茬"的游戏,孩子在游戏中可以专注于小细节。每一页都提供了背景故事,孩子可以帮助主角完成游戏小任务。孩子反复阅读后,可以获得找到游戏答案后的成就感,逐步提升专注力,读得开心,玩得过瘾。

 一起玩肃静游戏

在亲子共读开始前,家长可以试着引导好动的孩子进入阅读状态。每天到了固定的亲子共读时间,家长可以先跟孩子进行"肃静游戏",让孩子平静下来,准备阅读。以下是两种肃静游戏的示例:

第一种是"**闭眼听音乐**"。在安静的环境中,家长和孩子坐在椅子上,放一首轻音乐作为背景。家长轻声地跟孩子说:"现在,我们一起,双脚并拢,后背靠住椅背,两只手分别放在膝盖上,闭上眼睛,直到我说睁开为止。(过5秒钟)你听到了什么声音?静静地听,听到了要记在心里。(过20~30秒,时间可以自己调整)眼睛慢慢地睁开。你刚刚听到了什么,能告诉我吗?"

第二种是"**感受心跳**"。家长教会孩子怎么通过脉搏感受自己的心跳。然后让孩子看着秒表,数数自己的心脏60秒跳了多少下。

如果孩子不会数超过 10 的数,可以让孩子从 1 数到 10,到 11 时再从 1 开始数,如此循环。孩子有没有数对,并不是关键,最重要的是孩子能否真的静下心来。

家长也可以自行设计一些让孩子感兴趣的肃静游戏。好动的孩子可能比一般的孩子需要更长的时间平复心情,家长应该耐心地陪伴孩子进入阅读状态,并且教会孩子自我冷静的方法。

 多次朗读法

为了培养好动孩子的专注力,家长还可以尝试采用"多次朗读法",即为孩子多次朗读。每次朗读时,家长和孩子互动的侧重点不同,通过多次反复的朗读,不断加深孩子的理解,训练孩子对注意力的控制。

家长在第一遍朗读时,可以让孩子浏览书本的概貌。家长要声情并茂,速度可稍微慢些,除了朗读绘本上的文字,还要稍加解释书上的图画。这一遍朗读的目的是让孩子了解大概故事情节。此时如果发现孩子对这本书实在不感兴趣,也可以问孩子:"你还想继续看这本书吗?"如果孩子不想,可以换一本孩子喜欢的书。家长可以跟孩子说:"你来翻页,我来读给你听好吗?"阅读时速度要放慢,让孩子自行翻页。如果孩子一直看着某一页,家长不要打扰,因为孩子可能在思考其中的奥秘,直到孩子翻页了家长再朗读下一页。在这过程中孩子可能会往前翻,可能想对比前后两个图画有什么不同,这时家长不要打扰,耐心等待孩子翻到新一页。

家长在第二遍朗读时,孩子对这本书已有了大概的了解,可以家长读一句,孩子跟着读一句。让孩子参与到朗读中,而不只是听家长朗读。这一遍的朗读,家长需要留意孩子读得不太正确的地方。还是由孩子自己翻页，注意事项跟上一遍相似。这一遍的朗读最好录音，为第三遍跟读提供材料。

家长第三遍朗读时，可以邀请孩子跟读。家长还可以把录音播放给孩子听，让孩子有自我纠错的机会。播放录音的同时，翻开绘本，跟上录音的节奏，再跟孩子回顾一遍故事。孩子在听录音时，会发现自己与家长读得不一样的地方，自己就会再重复练习某一句话或者某个字。

当孩子发现自己读音不一样的地方，可能会尝试正确地朗读。如果此时继续播放录音，孩子后面就会跟不上节奏，所以家长应该暂停播放录音。如果孩子忘记正确的读音，或者读得不正确，明确表示希望家长帮助，家长就应该为孩子再重复一遍正确的读法。如果孩子没要求家长帮忙，家长还是应该耐心等待孩子完成练习。待孩子不再重复朗读了，家长可以继续播放录音。如果孩子没有发现错误，家长不要主动指出孩子哪个地方念错了，而应继续让孩子跟读。对于稍大一点的孩子，家长可以教给孩子怎么暂停播放录音，让孩子在自己想要停下来的地方暂停播放。

03 体验"工作"状态

 阅读中的"精神饥渴"

很多好动的孩子其实很热爱探索身边的事物，他们东奔西跑，每时每刻都积极地从外界环境中吸收信息。他们需要的不是被动的"填鸭式"的学习。他们如同一块有快速吸收力的海绵，天生具有一种"吸收"信息的能力；他们就像一棵渴望长大的小树苗，饥渴地吸收大地母亲的各种养分和水分,渴望阳光和雨露。亲子共读能给孩子提供丰富的精神养分。只要家长多鼓励,孩子就能主动吸收书中的养分。这个吸收过程不是被动地接受,而是主动地获取各种信息,无须外界刻意灌输,便达到水到渠成的效果。

两岁半的珺珺是一个爱跑爱跳的女孩。妈妈给她读过不少书,但她似乎都没有兴趣。最近妈妈因工作经常出差,很久没给她读书了。妈妈出差回来后却惊喜地发现,珺珺竟然自己抱着书"埋头钻研"。妈妈对孩子这么认真地看书感到好奇,就问她:"你最近看了什么好书?分享给妈妈吧!"珺珺给妈妈拿了自己最近特别着迷的几本书:《小象帕欧交往启蒙图画书:大家一起来刷牙》《噼里啪啦:我去刷牙》《小熊宝宝绘本:刷牙》。这几本书其实妈妈之前也给她讲过,但是在妈妈印象之中珺珺老是不专心听故事。

珺珺说:"妈妈,你出差这几天,都是奶奶给我刷牙的,但是她不知道怎么给我刷牙,老怕太使劲而把我嫩嫩的牙床给刷坏了。于是,我自己看书,我教奶奶怎么给我刷牙。"说完,她指着书上的图画告诉妈妈:"要先这么刷上面的牙齿,然后这么刷下面的牙齿,再这么刷右边的牙齿,再刷左边的牙齿。最后含一口水,咕噜咕噜,噗!"她一边说一边自豪地比画着。妈妈很感动,原来珺珺也会认真地看书,并且观察、理解和记忆都完全没有问题。自此,妈妈发现珺珺越来越喜欢自己"钻研"书本,把从书里学的东西教给大人或小伙伴。

珺珺的例子展现了儿童在成长过程中的"**精神饥渴**"。儿童在某个阶段会对特定事物比较敏感。这时孩子特别想学,学得特别快。**在这个"敏感期"里,儿童对某些特定刺激的感受特别突出。**

家长如果能在孩子的敏感期里给孩子及时地提供丰富的阅读材料，孩子会像上文中的珺珺一样，自觉地钻研书本。他们可能反反复复、乐此不疲地翻阅或让父母讲某些特别喜欢的书。当孩子养成这样的读书习惯后，就会爱上阅读。孩子的"精神饥渴"成为一种内在动力，推动着孩子主动地在书海里探索。

 专注的"工作"状态

家长可以把亲子共读作为父母和孩子每天都需要完成的一项"工作"。亲子共读并不是无足轻重的事情，更不是在消磨时间，它蕴含着严肃的色彩。其实孩子对家长出门上班去"工作"常带有仰慕的态度，希望自己也能像父母那样"工作"。所以家长可以传递给孩子一个概念：阅读就是小朋友的一项"工作"，从而培养孩子科学严谨的态度。这样，哪怕是调皮好动的孩子，也能逐步形成严肃、认真、细致的读书态度。

家长和孩子读书时，可以告诉孩子书中内容是和实际生活紧密联系的。通过阅读，孩子可以感知到成人世界里的生活实践，获得相应的知识、经验和能力，从而形成平和、严谨、求实的品格。一些儿童图书具有较强的写实性，特别适合与生活实践相结合，促进孩子的认知发展和生活经验的积累。

五岁的小杰整天活蹦乱跳，追逐打闹，没有一刻能停下来。但是妈妈知道他是一个天生的"小吃货"，喜欢吃好吃的。为了让小杰爱上看书，妈妈买来了《古利和古拉》这套书。书中热爱生活的古利和古拉也是个"小吃货"，正准备做自己最喜欢吃的蛋糕。

第四章　通过亲子共读缓解孩子的多动问题

妈妈告诉小杰，古利和古拉在路上捡到了一个大鸡蛋，正是做蛋糕的重要原材料。于是，他们细心地准备其他物品，包括平底锅、面粉、黄油、牛奶、砂糖、大碗、打蛋器、两条围裙、火柴。虽然锅太大了，不好拿，但他们想办法解决了。古利和古拉先各自系好围裙，然后准备打开鸡蛋壳。鸡蛋壳很硬，但是他们还是想办法解决了。接着古利赶紧把鸡蛋打到大碗内，加入糖，用打蛋器搅拌，又加入牛奶和面粉。这时候，古拉用石头搭建起一个灶台，在附近捡来柴火。之后他们在锅里涂上黄油，把大碗里的面糊倒进去，盖上锅盖，把锅架到火上，一边唱歌一边等蛋糕烤好。最后，他们还邀请了小伙伴们一起吃蛋糕。当古拉掀开锅盖，就看到金黄色的蛋糕，又松又软，大家都开心得不得了。

小杰目不转睛地听着故事，口水都快流出来了。他问妈妈："妈妈，你能教我做一个蛋糕吗？"妈妈说："当然可以，你仔细看看这本书上说的步骤，然后我们一起烤一个又松又软的蛋糕吧。"小杰也开心得不得了。

家长还可以通过示范朗读的方法，吸引孩子的参与，确保孩子在亲子共读的"工作"中保持心情愉悦、精神专注。比如，当妈妈给孩子读《鳄鱼怕怕，牙医怕怕》这本书时，家长可以先清晰地给孩子示范朗读一遍，让孩子熟悉故事情节。然后在第二遍时，家长邀请孩子参与，让孩子朗读牙医这个角色的台词。因为鳄鱼和牙医的台词很相似，第二遍就类似于跟读，孩子参与的难度也不至于过高。在第三遍时，家长可以鼓励孩子加入丰富的表情，使用有感情的语调演绎台词，让孩子体会鳄鱼和牙医从相互畏惧，到相互释怀，再到最后相互鼓励的复杂心路历程。通过模仿家长，孩子能较快进入到牙医的生活场景，如身临其境，加深对故事的理解。家长在亲子共读之前最好提前做充分的准备，熟悉绘本，让自己比较了解这本书的内容，并且计划一下如何给孩子讲好这本书。

 使用积极的反馈机制

家长应培养孩子爱护书本、善始善终、认真阅读的态度。首先，家长应该以身作则，严肃对待亲子共读的时光，不敷衍搪塞。家长可以在图书角建立一些积极的反馈机制，促进孩子养成认真读书的好习惯。好动的孩子往往难以通过自我激励保证积极的阅读状态，容易在阅读中因为稍微复杂的情节就表现得厌烦、暴躁、拖拉，出现"破罐子破摔"而自暴自弃的情况。家长应该及时给予孩子一些积极的反馈，增加孩子的外部激励，帮助孩子建立良好的阅读习惯。

家长可以采用**奖励**的方式。比如，如果孩子认真地读完一本绘本，家长就允许孩子下楼玩一会儿滑板车。通过一些吸引孩子的方式，逐步地引导孩子坐下来完成阅读。当孩子无法完成阅读，家长可以尝试给孩子一些**惩罚**。比如，如果孩子在一本书都还没有读完前就跑走了，那么家长就告诉孩子"今晚玩乐高的时间取消了"。但是，在给予孩子惩罚之前，最好先给孩子一个警告的机会。这样孩子在接受惩罚时才会心服口服。

有的家长可能担心严厉的惩罚会打击孩子阅读的积极性，那么家长也可以采用一些温和的惩罚方式，比如**静坐惩罚**。如果孩子不好好听妈妈讲故事，把书本给撕烂了，妈妈就说"你自己去椅子上坐 5 分钟"，或者"你面对墙壁站 5 分钟"。这 5 分钟内，父母和家里其他人都不要理睬，给孩子一个冷静的机会反思一下自己的错误。这种 time-out（计时隔离）的惩罚方法对于好动的孩子特别有效，因为这些孩子确实需要一些让自己冷静下来的时间。

有的家长可能会担心孩子被静坐惩罚时会有被"孤立"的感觉,那么家长可以尝试**"代币奖励"**的方法。比如,如果孩子看完书后能自觉地把图书放回书架原位,家长就给孩子在日历上贴个星星,集齐三十个星星就可以换取一个孩子喜欢的玩具。代币应该具有现实生活中"钱"的功能,可换取奖品或孩子喜欢的活动。用代币作为强化物的优点在于使用便利,不受时间和空间的限制,还可以连续地强化孩子的行为。只要孩子出现预期的行为,强化马上就能实现。用代币去换取不同的实物,满足孩子自己的喜好,就不会使孩子追求奖励的动机减弱。而且,在孩子出现不良行为时,还可扣回代币。

总之,家长可以使用多种反馈机制,让孩子意识到读书角的规矩,建立规则意识,逐步学会控制自己的行为。在给予反馈的时候,家长要就事论事,不要打击孩子阅读的积极性。遇到孩子做错的事情,私下提醒孩子;遇到孩子做得很好的事情,公开地称赞孩子。

 成为一名好读者

家长可以借助阅读建立孩子的责任感、规则意识和契约精神。比如,家长可以在周末带孩子去社区的公共图书馆看书,让孩子了解为什么需要遵守图书馆规则。每个图书馆都有阅读规定,家长应该以身作则,引导孩子遵守图书馆的规定。我们有时候在图书馆会看到小朋友一些不守规则的行为,比如随便跑动,大声讲话说笑、吃东西。一些家长听之任之,甚至熟视无睹。家长应该引导孩子在享受书本乐趣的同时,考虑他人的感受。图书馆属于公共场所,是教育孩子遵守规则的好地方。

方方和妈妈在图书馆看书。方方随便从书架上一次性拿了五六本书,堆在桌子上。妈妈问方方:"你看得完这么多书吗?"方方跟妈妈说:"不管看不看,先占上再说!"妈妈就说:"你看完一本再拿一本吧。你这样一会儿怎么把图书归位呢?别人如果想看这些书都无法从书架上找到。"方方反驳妈妈说:"为什么其他小朋友可以那样做,而我却不行?"说完又跑去书架去拿书。

妈妈说不过她,就从书架上拿来一本名叫《图书馆狮子》的绘本给她读。方方看着封面觉得很好奇:"狮子怎么也能进图书馆?"于是妈妈就给她讲了这个故事:图书馆来了一头威武雄壮的大狮子,把大家吓坏了。图书管理员马彬先生不知道该如何办,惊慌失措地向馆长报告。馆长麦小姐的反应相当镇静,只问一句:"他违反规定了吗?"图书馆是一个规则很多的地方,比如不能跑动,不能大声说话,保持安静,不打扰别人等。马彬先生找不到狮子违反规定的表现。于是,在麦小姐的允许下,大狮子就留了下来,开始和其他小朋友一样,看书、听书、爱书,与书为伴。

狮子的故事让方方感同身受,因为她也如此渴望亲近图书馆。这本书教会她为什么要遵守规定,使她形成恰当的规则意识。

04 锻炼"执行功能"

一个从容淡定的孩子在遇到困难或者为达到目标而努力时,会动用一些高级的认知功能克服困难以便完成任务,这些高级认知功能就叫"执行功能"。执行功能是一种复杂的认知结构,包括计划、抑制、协调和控制等多个过程。这些过程使孩子能专注于特定的目标,排除干扰并达成目标。好动的孩子往往在执行功能方面存在不足,常常不能很好地计划下一步的行为,不能较快地进行抑制和转换,同时"工作记忆"(一种认知功能)又较弱等,这就需要家长借助每天的亲子共读时光,促进孩子的执行功能逐步完善。

执行功能是人们内在固有的一种能力。执行功能在孩子幼年就开始不断发展,一直持续到12岁左右才能逐渐发展完善,接近成人的水平。执行功能的快速发展时期是在2～5岁,如果家长发现孩子的某些执行功能较薄弱,可以参考下面的方法:

 提高抑制能力

好动的孩子容易被干扰,难以抑制无关的分心物,常常难以坚持完成任务,或者在达到目标之前就被其他事情分散了注意力。家长可以试试给孩子做这样的游戏:在两张纸卡上分别画一个太阳,一个月亮。当孩子看到太阳时就说"白天",看到月亮时就说"黑夜",让孩子快速地看图说几次。然后,家长给孩子制定一个新的规则,孩子看到太阳时要说"黑夜",看到月亮时要说"白天"。这时需要孩子按照新的规则来看图说词,抑制之前习惯的说法。如果给孩子一定时间压力,让孩子快速看图说出答案,或者几个人一起比赛看谁能先说出答案,那么孩子就可能出现抑制上的困难,比如孩子看到太阳,可能会脱口而出"白天",难以抑制太阳与白天的天然联系。家长结合亲子共读训练孩子的抑制能力,能让孩子在行动之前先思考,使孩子抑制住冲动的言行,考察当前形势,并且判断自己的言行所产生的影响。

一岁多的丁丁最近喜欢在书上指指点点。但是他容易受到环境的干扰。他看书时常常突然听到什么声响就离开阅读角。为了训练他的抗干扰能力，妈妈买来日本著名绘本作家五味太郎的《小金鱼逃走了》。妈妈指着封面跟丁丁说："哎呀，小金鱼从鱼缸里逃走了！逃到哪儿去了？"于是，丁丁就跟妈妈一起找小金鱼。窗帘上、花丛中、糖果罐子里、水果盘里。哪里有它的影子？接下来，这个调皮的小金鱼竟然还在镜子上玩起了"分身术"，变成了三条一模一样的小金鱼，到底哪个才是真正的小金鱼？最后，它还跳进了有好多金鱼的大池塘里。妈妈问："哪条金鱼才是我们要找的呢？"这本书的每幅图都设计了干扰物，比如火箭、老式拨盘电话、糖果等。丁丁需要抑制住各种干扰，才能用自己的好眼力把小金鱼找出来。

 加强"工作记忆"

好动的孩子往往记性差，家长反复提醒过的事情，他们一转头就忘了，这说明他们的工作记忆容量不足。工作记忆让孩子在完成复杂任务时能记住相关信息，利用以前的经验完成当前的工作。所以家长在亲子共读时可以特意拓宽孩子的工作记忆容量。比如，选择一些句子稍长的绘本。家长读完一句后，就鼓励孩子复述刚刚那句话。刚开始孩子可能会在复述上有困难，家长不要批评孩子，而是要持之以恒地鼓励孩子。家长也可以选择一些主题符合孩子兴趣的押韵儿歌读给孩子听，再让孩子复述，以拓宽孩子工作记忆的容量。

紫薇做事比较毛糙，用爸爸的话说就是"脑子有点慢"。为了锻炼紫薇的大脑，爸爸给她买了图画书大师安东尼·布朗的绘本——《形状游戏》。四岁的紫薇虽然对里面的艺术作品还不太理解，但是对其中几页找不同点的图画特别着迷。爸爸指着书上一幅17世纪英国画家的作品，对紫薇说："这两位女士有什么不同？"紫薇说："这两个人一模一样。"爸爸笑着说:"不完全一样,你再仔细看看。"然后紫薇就这两幅画反反复复看了很久,终于兴奋地说:"爸爸看,这两位女士的衣领是不同的!"接着她又陆续找到了好几个不同点。

 提高认知灵活性

好动的孩子比较容易固执,缺乏认知灵活性。认知灵活性是一种重要的认知能力,让孩子适应变化,在不断变化的环境中放弃旧的做事方式,用新的思维方式解决问题。家长可以带领孩子阅读各种类别的书籍,接触新的事物,尝试学习新技能,了解多元文化。孩子在阅读中需要不断地对学习过的内容进行修正,这种能力就叫**刷新能力**,让孩子根据当前的目标,对工作记忆中的内容进行持续的修正,以便吸收新的信息。这就如同屏幕上的刷新行为,如果刷新频率比较快,那么画面就比较连续流畅,如果刷新频率太慢,画面就会"卡住",影响流畅度。

小好常常行为失控、大吵大叫。有时客人来家里,她就大声喊叫,奔跑不止。对她"人来疯"的表现,父母常常严厉斥责,但无济于事。父母的反应其实恰好满足了她想引人注意的愿望,所以她的过激行为无法被制止。最近小好妈妈特别苦恼,小好每天起床都要穿同一套衣服上幼儿园,她不得不特意为她买了烘干机。朋友建议她给小好读书,改改她那固执的性格,提高她的认知灵活性。

妈妈给小好买了一本叫《黄色的......是蝴蝶!》的绘本。她指着书上一个黄色的形状,对小好说:"黄色的,是蝴蝶吗?看,草地上有只黄蝴蝶!可是哎呀,原来不是蝴蝶,是一朵小黄花!黄色的,是蝴蝶吗?瞧,树上有只黄蝴蝶。哎呀,又不是蝴蝶,是树上的大果子! 一心想扑到黄蝴蝶的小男孩,为什么总是会搞错?"小妤被这本书吸引住了。

书中设计了很多蝴蝶形状的小洞洞,小妤和妈妈一起猜小男孩捕到的"蝴蝶"到底是什么。更神奇的是,同样一个形状的洞洞,竟然还可以变身为小猪鼻子、侦探墨镜,甚至是张大的嘴巴,一个接一个的惊喜,让小妤在翻阅中获得乐趣。小妤说:"这本书太有趣了,像在变魔术一样!"妈妈说:"对呀,其实每样东西如果从不同的角度去看,就会发现变化,并不是永远固定不变的呢。"小妤在阅读潜移默化的影响,不再那么固执了。

 培养计划能力

好动的孩子往往缺乏计划能力,对于要完成的任务或者要实现的目标难以列出步骤和方案,也无法判断事情孰轻孰重。计划是一个复杂的、动态的认知过程。家长平常可以多给孩子一些稍微复杂的"任务",比如需要若干步骤,而且每个步骤之间的前后顺序是不允许搞乱的任务。比如,可以让孩子玩"汉诺塔"玩具,它有三根相邻的柱子,标号为A、B、C,在A柱子上从下到上按金字塔状叠放着若干个不同大小的圆盘,要把所有圆盘一个一个移动到柱子B上,并且每次移动时同一根柱子上都不能让大盘子出现在小盘子上方。家长可以让孩子多进行尝试,让孩子在试错中明白:只有计划好每一步的顺序,才能赢得游戏。由于多动的孩子容易冲动,所以家长可以结合亲子共读,训练孩子控制冲动、冷静而周全地思考的能力。

快六岁的栋栋很调皮,做事缺乏条理,眼看就要上小学了,妈妈担心他无法适应每天都有作业的小学生活,所以希望训练他的计划能力。妈妈买了一本叫《一起数数 123》的绘本。妈妈和他一边看着这本书，一边感叹："这本书真神奇呀！每幅图画里都藏了玄机。每一页都围绕一个数字展开，而且那页的图画里还蕴含着这个数字对应的元素。"妈妈翻到对应 2 的那页时，栋栋兴奋地说："妈妈看，这里有 2 只小鸟，还有 2 个灯，2 根萝卜！"整本书变成了神奇的数字寻宝游戏。

最后妈妈问他："小熊要去小兔子家，要做什么事情？第一步是什么？第二步是什么？"他又兴奋地翻着书，一步一步告诉妈妈。从数字 1 到数字 10，每一步都很有趣，最终故事中的小熊来到了小兔子家，10 个小伙伴欢聚一堂。栋栋和妈妈还发现这本书后面有一个有趣的游戏，小熊和小兔子在玩"跳房子"，他们需按照数字由小到大的顺序，从起点走到终点，但是不能经过相同的数字。妈妈觉得这个游戏能锻炼栋栋的计划能力，就在院子里画出这样的游戏。栋栋邀请小玩伴一起来玩，高兴极了。

05 强调动静结合

家长无须责怪孩子的好动表现。其实很多孩子都天性爱运动，运动就是孩子自主探索和学习的过程。如果孩子能把运动和学习相结合，动静相辅，学习效果会更好。孩子的学习方式比较特别，可以在运动中能获得更好的学习体验，获得更深层次的知识。家长在亲子共读中也可以采取动静结合的策略，这种方法对于比较好动的孩子尤为关键。

平衡孩子的体能

运动能够消耗孩子的体能，运动后的孩子能够更长时间地坐下来看书。因此，家长在安排亲子共读前，可以先让孩子充分运动，把多余的精力消耗掉，然后再正式开始阅读。好动的孩子体内能量本来就比较充足，如果适当运动后再看书，在阅读中的生理唤醒水平就会比较高，对书中内容的反应也会更敏锐。

两岁的娜娜是个活泼好动的孩子。爸爸在每次亲子共读之前都先和娜娜一起做做操。这天父女俩翻开熟悉的绘本《可爱动物操》。这本书非常有趣，一页页精美有趣的图画，一只只可爱灵巧的动物，富有音乐韵味的歌谣与生动活泼的图画完美结合。爸爸带着娜娜，模仿动物们的动作，一边唱着儿歌，一边舞动身体做操。他们根据书中文字表演动作："左拍拍右拍拍，转圈圈蹲下来。右拍拍左拍拍，两手叉腰站起来。脖子前后动一动，屁股左右摇一摇，朋友想看笑一笑，好玩可爱动物操。"

然后爸爸翻到《白鹅》这一首儿歌，一边指着图片，一边用不同的声音朗读给娜娜听。娜娜根据儿歌做出有趣的动作，模仿白鹅伸长脖子、拍翅膀、弯腰、游泳、走路、摇屁股。后来爸爸还加快朗读的速度，让娜娜逐渐加快速度做动作，增加运动强度和趣味性。

 改善阅读心情

好动的孩子在运动后一般能保持愉快的心情进行亲子共读。家长带领孩子适当运动，刺激多巴胺、去甲肾上腺素等单胺类物质的分泌，不仅能改善儿童的心境，还能把负性心境状态（如焦虑、悲伤）

维持在一定水平上。有研究者曾经让小学生带着计步器，计算他们的活动量，同时测试这些小学生承受压力（比如被要求在设定时间内做算术题）时的情绪反应，以分析这些学生承受压力与活动量之间的关系。研究结果显示，那些每天走的步数多的学生分泌"压力荷尔蒙"的浓度比那些步数少的孩子低。也就是说，走得多的孩子，学习起来更不辛苦，能更轻松愉快地面对压力。所以体育锻炼能给孩子带来愉悦的感受。家长可以在亲子共读前让孩子做一些适度的体育活动，比如骑车等，以调整孩子的情绪状态。

家长也可以和孩子一起做一些"轻运动"。这类运动简单易操作，没有特别的场地和时间要求，随时随地都能动起来，不会给孩子压力。"轻运动"的核心是"一静不如一动"，最重要的是让孩子动起来，身心愉悦是关键，做什么运动并不重要，可以跟着孩子的兴趣走。家长还可以把运动融合到亲子共读中，让孩子心情美美地和家长一起看书。

爱运动的承承和妈妈每天都读书。在读书之前，妈妈通常都会让承承活动一下身体，让他兴奋起来。这一天，他们看的是《猜猜我有多爱你》这本书。故事里的小兔子和承承一样好动，而且总喜欢和父母比赛，总喜欢获胜。有一天，小兔子认真地告诉大兔子："我好爱你"，而大兔子回应小兔子说："我更爱你！"如此一来，小兔子和大兔子就开始比赛谁的爱更多。小兔子想尽办法用各种身体动作以及看得见的景物，描述自己的爱意，直到它累得在大兔子的怀中睡着了。大兔子用智慧赢得了比赛，小兔子用它的童真赢得了大兔子更多的爱。两只兔子都获胜了。

承承和妈妈都很喜欢两只兔子相互"较劲"的温馨故事。妈妈还带着承承通过做各种身体动作表达自己的爱。比如，把手臂张开，开得不能再开,表达"我的爱有这么多"。还把双手举得高高的,表达"我的手举得有多高,我就有多爱你"。妈妈还鼓励他通过跳高、跳远、倒立等动作表达自己的爱。一本书读下来,承承既活动了身体,也收获了满满的爱意和愉快的心情。

 提高阅读效率

　　好动的小朋友天然地喜欢体育活动。运动能提高孩子的记忆力,有利于理解阅读内容。儿童的记忆力还处于发展中,运动能促进儿童大脑里海马体(海马体位于大脑的丘脑和内侧颞叶之间,主要负责长时间记忆的存储、转换和定向等功能)的生长。研究者用磁共振观察十岁孩子的大脑,发现爱运动的孩子的海马体更大。而且,孩子运动后注意力集中的时间更长。因此,家长可以在每次亲子共读之前进行几分钟的热身运动,孩子运动后的记忆力更好,注意力更集中,有助于孩子在亲子共读中储存更多的学习内容,提高亲子共读的效率。

　　此外,运动还能提高孩子的认知加工深度,增强理解能力。家长可以鼓励好动的孩子结合书中的内容,适当活动身体,深化认知加工。有些爱蹦爱跳的孩子,习惯用各种动作和手势来表达自己的想法。家长可以充分利用孩子的这个特点,帮助孩子提高学习效率。比如,家长可以鼓励孩子在学习一些新词汇时,通过身体动作演绎词语的含义。比如,当听到家长朗读"翱翔"这个词语时,孩子可以一边摆动双臂一边奔跑,就像在天空自由飞翔。用这种方法习得的词语,孩子能记忆较长时间,而且理解更深刻。当孩子阅读有关数量概念的书时,家长还可以鼓励孩子通过手势表达数和量。比如,当孩子在看《五只小猴子在床上跳》时,孩子可以通过手势表示有多少只猴子和第几只猴子。这样有利于孩子在头脑里形成关于数量的更准确的表达。

四岁的欢欢比较好动,连看书时也坐不住。于是妈妈在亲子共读时尝试了杜莱的《The ball game》这本创意游戏书。欢欢一打开这本书,就看到书里面有大小不同的孔洞,可以作为投球游戏的目标。欢欢把一张废纸揉成纸球,便开始投球。通过不同的折叠方式,还可变换游戏的玩法,使游戏具有丰富的互动性。篮球、足球、网球、高尔夫球、橄榄球,一本书就能玩遍各类运动项目。好动的欢欢一边看书,一边玩,高兴地沉浸在书中的游戏里。这本书还充分锻炼了欢欢的空间感知与手眼协调能力。妈妈还借助这本书的互动性,与欢欢进行了丰富多彩的讨论,让欢欢在阅读和运动中拓展词汇量,增加句子表达的长度。

 学会倾听他人

家长可以鼓励好动的孩子多参与体育运动,在运动中学会倾听,从而提高孩子在亲子共读中的互动参与度。有研究表明,常参加体育运动的人更易形成良好的人际关系。体育运动有助于孩子学会与人合作,获得社会支持和提升自尊。亲子共读也是一种互动的形式,不但需要家长的投入,还需要孩子的参与。所以家长可以鼓励孩子把运动中所获得的社交技能,运用到亲子共读中,使阅读与运动相得益彰。

六岁的雅雅是个"女汉子",喜欢游泳、骑车、爬树,还特别喜欢击剑。妈妈希望她通过运动从小打好身体底子。但是,雅雅马上就要上小学了,家中老人担心这么好动的雅雅能否适应小学的课堂生活。妈妈说:"你们放心,雅雅很喜欢运动,并从运动中学会了倾听与合作,我一点都不担心她的适应能力。"

雅雅还常常让妈妈给她讲"爱探险的朵拉"系列绘本，因为朵拉和她一样都是富于探索精神的女孩。雅雅尤其喜欢这套书里面的《冬季运动会》。在这个故事里，朵拉和布茨兴奋地参加冬季运动会。可是滑雪比赛刚开始，朵拉就被告知赛道末端的冰桥坏了，选手没法越过冰桥到达终点。于是朵拉和布茨克服困难，抢在其他选手到达前修好了冰桥，让比赛顺利完成。雅雅欣赏朵拉和她的小伙伴精诚合作、关心他人的精神。妈妈对雅雅说："这就是体育精神！"

 提升阅读兴趣

对于喜爱运动的孩子，家长可以结合孩子的运动爱好选择阅读材料，提升孩子的阅读兴趣。比如，很多男孩都痴迷于阅读《体育全知道》这个绘本，它总共介绍了 24 个体育项目，既有个人运动，也有团体运动，同时还有描述相关运动的专业术语。家长和孩子都会被书中这种一起来运动的热情所感染。这本书简单易懂，却充满惊喜，为孩子打开了体育世界的大门。孩子尝到了阅读的甜头，就更热爱读书，愿意和家长一起读书。

四岁的心悦自小就精力充沛，喜欢运动。最近她特别希望学游泳，因为她在小伙伴家看到一本叫作《玛蒂娜学游泳》的绘本，马上被这本书所吸引了。故事里的玛蒂娜在上第一节游泳课时，落落大方地介绍了自己，从容地换上了游泳衣、游泳帽准备练习。她的泳帽好漂亮，同伴们都羡慕极了。大家先去淋浴，这样能让身体更健康，更好地适应泳池的环境。然后大家一起去水中嬉戏，真是好玩。接着，小伙伴们教玛蒂娜如何放松地漂浮，教练鼓励她勇敢地尝试跳水。从第三节课开始，玛蒂娜尝试学划水、练习呼吸。终于在第八节课玛蒂娜学会了自己游泳，第九节课她尝试了自己跳水、潜水。

玛蒂娜的故事让心悦特别想学游泳，父母只好给她报了一个游泳班。因为是第一次下水游泳，心悦心里既兴奋又紧张。从游泳池一出来就大哭起来。于是妈妈就给她买了另一本有关游泳的绘本，叫作《汤姆在游泳池》。心悦认真地听着妈妈讲汤姆的故事：汤姆在游泳前一天很忙碌，他有很多东西要准备，还要记住游泳时要做的各种各样的事情。书中汤姆的心情和心悦自己第一次上游泳课的紧张与兴奋非常相似。心悦在书中找到了共鸣，畏难的情绪也得到了疏导。

第五章
通过亲子共读帮助叛逆好胜的孩子

——

孩子在成长过程中会出现阶段性的叛逆状态，这些阶段常被称为"叛逆期"。孩子一般有三个相对明显的叛逆期：在2~3岁时，出现人生第一个叛逆期，叫"宝宝叛逆期"；在6~8岁时，迎来人生第二个叛逆期，叫"儿童叛逆期"；在12~18岁时，进入人生的第三个叛逆期，也是大家最熟知的"青春叛逆期"。各个叛逆期虽然有不同的表现形式，但都是孩子生理、心理发育的阶段性呈现。家长无须特别困扰，可以通过亲子共读等多种形式的陪伴缓解亲子之间的紧张气氛。

如果孩子出现持续的对抗、敌意或挑衅的行为模式，比如出现经常发脾气，经常与成人争吵，对抗或拒绝听从成年人的要求，故意激怒他人，经常因自己的过失或错误指责他人，易怒或容易被他人激怒，经常怀恨或报复等这些长期的行为模式，家长就要关注孩子是否在心理上遇到某些困难，必要时要寻求专业人士的帮助。

01 培养"真正的自信"

 什么才算真正的自信?

家长都希望自己的孩子能够快乐、自信地成长,但是却没有搞清楚到底什么才是真正的自信。自信是当孩子体验到自己拥有真正的权力感(孩子自己做决定的权力)而产生的正面结果。一个真正自信的孩子,能够坚持自己的正确主张,能够在安全范围内勇于尝试,清楚地知道自己的内在力量,并能够为自己设定合适的目标。如果一个孩子缺乏真正的自信,那么这个孩子会表现出以下两种可能性:

第一种可能性是孩子**缺乏权力感**,表现得胆怯和懦弱,做事被动退缩,容易受到惊吓,比较喜欢哭泣。这一种可能性是家长比较容易识别的,有时候也会给这类孩子贴上"内向"的标签,家长通常会比较积极地锻炼这类孩子的胆量,希望增加孩子的自信心。

第二种可能性是孩子**拥有虚假的权力感**,所谓"虚假的权力感",其实还是缺乏真正的权力感,孩子往往比较叛逆,喜欢发号施令,吓唬、威胁别人,罔顾他人安全,甚至咬人、打人、偷东西等。这种可能性是具有较大蒙蔽性的,其实这类孩子只是通过强大的表象,掩盖自己内心权力感的缺失。家长常常没有意识到这类孩子实际上也是缺乏真正的自信。

 赋予孩子权力感

叛逆好胜的孩子通常缺乏自信。虽然叛逆好胜的孩子表面上看起来并不把别人放在眼里，不知天高地厚，但是这类孩子也许是最缺乏自信心的。尤其是当他们察觉到周围环境或者他人将威胁到他们的基本自尊时，他们就可能使用暴力，要么是语言上的暴力（表现为顶嘴、争辩），要么是身体上的暴力（表现为打人、伤人）。因为暴力能够让他们**避免较低的自我评价**，避免自己的自信心受到打击。叛逆好胜其实也是缺乏权力感的表现。

帆帆今年一岁，最近在学走路但进展缓慢。他常常摔跤，膝盖和腿上已经留下了几处伤疤。每次摔倒他都会哭，爸爸给他擦干眼泪，他就又站起来，在爸爸的搀扶下东倒西歪地学走路。爸爸弯腰扶着快20斤的帆帆感到腰酸背疼，但他此时并不只是关注自己的辛劳，他体察到帆帆内心的挫败感，于是领着孩子来到公园里的秋千前。

帆帆看到秋千特别兴奋，这是他最喜欢的一项活动。爸爸让他坐上秋千，扣好安全带。自己则站在孩子前面，一边让秋千荡起来，一边调整自己站的位置，让帆帆每次荡回来的时候，脚刚好可以碰到爸爸的大肚腩。爸爸还特意假装正好被他踢到的样子，脸上装出苦恼的表情，这让帆帆感到很得意。就这样，帆帆玩了整整10分钟，父子俩也笑了整整10分钟。在笑声中，帆帆刚刚学走路时的挫败和沮丧早已烟消云散。他在这个荡秋千游戏中感受到自己的力量。

自信是内心体验到真正权力感之后自然而然的流露。家长需要帮

第五章 通过亲子共读帮助叛逆好胜的孩子

助孩子获得自己的权力感,让孩子树立真正的自信。其实孩子在亲子关系中常常处于弱势地位。当孩子还处于学步期的时候,他身边的成人都是"健步如飞的大巨人",而尚在蹒跚学步的孩子经常因为动作笨拙地跌倒,但他仍然一次又一次地鼓起勇气继续尝试走路。同样,当孩子日后在学习一些技能时,比如学拍球、骑车、跳绳、写字等,孩子也常常处于"权力"的底层,面临着相似的挫败感。因此,家长应该在亲子互动中帮助孩子获得权力感,继而释放他在成长过程中的沮丧感。

熹熹马上就要进行例行体检和打疫苗了。妈妈有点焦虑,因为上个月他们有一次糟糕的打疫苗经历:那次他们刚到社区卫生站门口,熹熹就认出是打针的地方。他开始大哭,拒绝跟妈妈进去。妈妈好不容易抱他进去见体检医生,他却一直反抗不配合,医生也很不愉快。

妈妈吸取上次的教训,决定提前给熹熹读绘本《狮子不怕打针》。故事中的小女孩叫莫莉,她也很害怕打针。但是当医生检查完她的手臂和肩膀后,幽默的医生对她说:"你的手臂很强壮,我敢打赌你能在丛林里最高的树枝上荡秋千。"然后,熹熹帮妈妈翻到下一页,看到了莫莉像猴子一样在树上自由攀爬的画面。熹熹觉得这本书非常有趣,故事很像熹熹去体检的场景。书中医生说莫莉的心肺功能很好,像大象;双腿很强壮,像袋鼠;视力很好,像老鹰;个子很高,像长颈鹿。熹熹大笑着说:"莫莉变成动物园啦!"

最后,熹熹看到书中医生需要给莫莉打一针疫苗,变得有点紧张,他替莫莉感到担忧。但是莫莉很勇敢,她模仿狮子的咆哮,说自己是一头不怕打针的狮子。熹熹开怀大笑。第二天妈妈带熹熹去打疫苗时,熹熹也一直自言自语地安慰自己说:"我也是一只强壮的大狮子,不怕打针。"

积累自豪体验

自信心的树立是一个日积月累的过程。宋代理学家朱熹曾写道:"问渠那得清如许?为有源头活水来。"意思是:池塘里的水为何这样清澈呢?是因为有永不枯竭的水源为它源源不断地输送活水。同理,如果家长希望孩子内心清澈平和,就要从小给孩子源源不断地输送正能量,逐渐地增强孩子的自信。荀子说:"不积跬步,无以至千里;不积小流,无以成江海。"家长需要从孩子小时候就开始共读,通过每次的亲子共读,一点点积累孩子内心的自豪体验。

比如,在孩子一两岁的时候,家长可以多给孩子读一些动作类的绘本,增强孩子自如驾驭身体的自信心。家长可以和孩子一起读《从头动到脚》这本绘本,鼓励孩子模仿每个小动物的动作,让身体每一个部位都得到锻炼。在这个过程中,孩子也就自然而然地掌握了身体部位名称以及描述动作的词汇。通过"你会吗"的提问,以及"这个我会"的回答,在简单的一问一答中,鼓励孩子模仿12种不同动物的"招牌动作",让孩子在通过控制自己身体完成诸多神奇美妙的动作后体验到自信。当孩子掌握了从头到脚每个部位的名称和每个动作的概念之后,可以鼓励孩子担当示范的角色,让孩子先来展示每个动作并且问家长"你会吗",然后由家长模范孩子的动作,增强孩子的自豪感,形成"我能行"的自信。

当孩子的理解力和想象力有所提升后,家长可以在亲子共读中加入角色反转的游戏。比如,当孩子和妈妈一起读完上面提到的《狮子不怕打针》之后,可以由孩子充当医生,妈妈充当被打针的小孩。这种角色反转的游戏,让孩子尝试较有权力的一方,增强孩子的权力感和自信心，让孩子理解自己也可以担当有权力的角色，从而释放出被压抑的负面情绪。

 强化积极的自我认知

绘本用图文结合的形式，以积极温暖的内容，给孩子带来正能量。通过绘本里形象易懂的画面，孩子能了解如何调整自己的心态和情绪。孩子在阅读中也可以看到各种各样的情境，体验不同行为的可能性，获得内在的权力感，树立真正的自信心，从而走出缺乏权力感或虚假权力感的困境。亲子共读可以给孩子从小打下很好的心理基础，让孩子获得安全感，清晰地知道自己的权力感来自于哪里，在日复一日的阅读中领悟到很多难以言传的人生道理。

一天萱萱从幼儿园放学后很不开心，妈妈问她怎么了，她回答："我今天穿了爷爷过年时给我买的公主裙，但班里的珺珺说我的公主裙不漂亮。"妈妈知道孩子和珺珺一直是好朋友，今天肯定是闹了什么矛盾了。妈妈问："珺珺说你裙子不漂亮，你是什么感受呢？"萱萱说："我很生气，我告诉珺珺，你这么胖，穿裙子一点都不好看！"妈妈没有立即教训孩子，而是在睡前拿起了《我觉得自己很棒》这本绘本，和她一起看。

当她们看到故事中的天竺鼠刚搭完的积木又倾倒时，妈妈告诉萱萱："其实搭积木不完美也很有乐趣，积木倒了也是一件可以哈哈大笑的事情。我们所要做的只是尽自己最大的努力。"然后，萱萱指着书上那幅天竺鼠的风筝被树枝卡住的图，对妈妈说："哎呀，不好了，风筝怎么跑树上了？"妈妈安慰道："没关系，他再试一次可能就会做得更好。"接着,妈妈又指着书上那幅天竺鼠让自己妈妈帮忙系鞋子的图,对萱萱说:"有些事情对我们来说可能确实很难,那也没有关系,每个人都有需要帮忙的时候。"

当她们读到故事中的天竺鼠没有和小伙伴争抢做第一个拿到生日蛋糕的人,萱萱有所感悟地说:"其实不必事事争第一也能吃到美味的蛋糕。"妈妈接着问萱萱:"如果有小朋友说你的公主裙不漂亮,你觉得有必要跟她争吗?"萱萱摇摇头。妈妈接着说:"就像天竺鼠知道有些人喜欢他,是喜欢他本来的样子。裙子是外在的,不是最重要的。"妈妈摸摸萱萱的头说:"你自己的裙子,自己喜欢就可以了,不必在意小朋友怎么说。最重要的不是裙子,而是面对别人的评价保持微笑。"

02 提供均衡的"关系菜单"

 避免强化叛逆行为

根据心理学中的学习理论,儿童的叛逆行为可能是家长强化的结果。有些家长经常责备、训诫、惩罚孩子的叛逆行为,试图改变孩子的叛逆倾向,希望使孩子顺从。但家长如果过分关注孩子的叛逆行为,有可能使叛逆行为得到强化并反复出现,最终反而增加不顺从倾向。另外,一些父母在企图纠正孩子行为时,经常以惩罚来威胁孩子,然后又被孩子的执意不服从所激怒而导致情绪崩溃,之后父母又懊悔自己在语言或行为上的失控。所以很多家长在失控发脾气后,就会对孩子的叛逆行为以一种不适当的方式予以宽容,强化了孩子的叛逆行为。久而久之,家长越来越拿孩子没办法。只要孩子情绪化、发脾气，家长就马上妥协。这实际上就是家长和孩子之间的关系失去了平衡。

六岁的小桦刚上小学一年级，最近和妈妈的关系较僵。妈妈觉得他的作业写得一塌糊涂，错误百出，每次陪他写作业时就不停地提醒他。小桦觉得妈妈不关心他，只有在写作业时才会跟他说话。于是小桦故意写错字，磨磨蹭蹭地拖着不写作业。妈妈觉得孩子小学了就要养成良好的学习习惯，坏习惯如果得不到纠正，后面就更难改。于是每天晚上妈妈都再三叮嘱小桦，甚至"威胁"他："如果完不成作业就不准看电视。"小桦希望得到妈妈的关注，但妈妈的过度关注反而强化了小桦的叛逆行为。

终于有一天，妈妈忍不住发火了，激动地责骂小桦："你再这么写字，就不要上学了，学了也是白学！"妈妈的斥责让小桦哭了，但他并没有屈服，直接扔下作业不做了。妈妈对自己的失控情绪感到非常懊恼，觉得以后要对小桦宽容一点。

从第二天开始，妈妈在小桦写作业时只平静地说了一句："认真写作业！"然后就去做家务活了。意外的是，小桦觉得妈妈没有管他，他就无法通过叛逆来寻求妈妈的关注，只好自己认认真真写完作业拿给妈妈看。

 减少对孩子的控制

有些家长想对孩子生活的方方面面都实行控制，比如希望训练孩子从小保持房间整洁、收拾餐具、不打断别人讲话、自觉练钢琴等。在家长的全面控制下，孩子非常缺乏自主权，没有权力决定自己的行为。另外，一些父母很少认真倾听孩子的心声，不了解孩子的喜好和感受，与孩子的联结逐渐断裂了。孩子时常感到孤独，渴望家长的关注。

父母对儿女的爱毋庸置疑，但是家长关注孩子的方式是需要技巧的。如果家长只是发号施令，孩子很可能会反抗。如果家长把精力放在关注孩子的内心世界上，比如通过和孩子一起看书，讨论相关的话题，关注孩子的内心成长，那么孩子一定会更真切地感受到父母的关爱，并且更加主动地完成家长提出的要求。

亲子共读给家长和孩子提供了一个平等交流的空间，让家长和孩子处于公平的起点，一起探索书中的美妙世界。家长在和孩子一起读书时可以放下"我什么都懂"的大人架子，比如在看绘本时，虽然家长认识的字词更多，但是孩子对图画的感受力反而更强，所以家长和孩子可以优势互补，合作完成图书的阅读。家长应该相信，即使孩子阅历尚浅，也能领悟书中传达的人生道理，应鼓励孩子在阅读中收获信心和勇气。

 参照均衡的"关系菜单"

家长在和孩子相处时要掌握"权力平衡"的秘诀，做到松弛有度，收放自如。每天的亲子共读要尽量参照均衡的"关系菜单"。这个"关系菜单"包含了三个必不可缺的成分：孩子主导的时段，孩子接受专制的时段，亲子民主决策的时段。借助"关系菜单"，家长可以随时了解自己和孩子之间的权力关系是否有失衡。家长可以在亲子共读中灵活运用"关系菜单"中的三个成分。

第一，孩子在亲子共读时应该有机会主导阅读过程。家长可以让孩子策划一次亲子共读活动，比如让孩子决定和家长一起阅读的方式，包括什么时候看书，坐在哪里看书，什么时候翻页，什么时候结束阅读等。当家长真的把权力下放给孩子,让孩子来负责统筹规划,听随孩子的领导,孩子就会慢慢适应"老大"的角色,获得真正的权力感和自信心。

第二,孩子需要在亲子共读中有**接受家长专制**的时段。在亲子共读中如果只让孩子做领导,也会出现权力关系失衡的状况。孩子需要在特定情况下服从家长温和的"专制"。家长在亲子阅读过程中也要选择机会让自己保持权威。比如,家长要求孩子不能撕书,以及把看完的书放回书架等。即使孩子强烈反对,也要温和而坚定地拒绝孩子不合理的诉求,引导孩子学会服从要求,锻炼孩子的适应能力。

第三,亲子共读需要加入**民主决策**的时段。民主决策不只是大人的"游戏规则",也是亲子互动中的重要部分,彰显了家长和孩子之间的平等关系。家长和孩子都应致力于在决策时追求双赢,可以轮流替换,或举手表决,以更公平地做出决定。比如,当家长和孩子的阅读兴趣有冲突时,可以采用轮流的方法决定今晚究竟从书架上拿哪些书来共读。家长和孩子可以轮流选择一本书,这样既兼顾了每个人的口味,也能够让每个人的阅读兴趣得到拓展,交流各自阅读的体会。

每天的亲子互动最好都包含这三种不同的形式,让孩子体会到权力的均衡,孩子的叛逆行为自然会慢慢减少。**通过孩子自己主导的时段,孩子获得了自信;通过家长专制的时段,孩子认识了行为边界;通过民主决策的时段,孩子体会了协商合作的重要性。**家长在亲子共读中可以灵活运用"关系菜单"的各种成分,用心烹饪出一道和谐、美味的"好菜",让亲子共读更有趣。

叛逆好胜的孩子通常表达能力比较好,家长应该鼓励孩子充分发挥特长,在亲子共读给孩子更多表达自我的机会,获得更多权力感。比如,家长给孩子读完一本书之后,可以邀请孩子做"故事大王",

让孩子预测故事后面情节发展的不同可能性，或者让孩子改编故事。家长可以倾听孩子的表达，少做批判，多做表扬，让孩子获得自信。当孩子成为"故事大王"，家长成为听众时，孩子掌握了主导权并树立了信心。另外，家长也可以选择书中比较有争议性的话题，和孩子进行辩论，轮流发表对某个观点的看法，罗列理由和证据进行辩论。

03 培养孩子的社会责任感

 不要强迫孩子顺从

假如有一天，家里的孩子开始变得叛逆，经常顶嘴，稍不顺心就发脾气，相信家长都会感到不解甚至失望。但是，如果家长反过来思考一下，自己最想培养孩子具有什么样的品质：乐观、有爱心、情商高、自信、独立、有领导力……相信很少家长给出的答案是希望孩子顺从。也就是说，家长并不希望培养出一个事事顺从的孩子。只要没有危害人身安全，也没有违反道德准则，家长不一定希望孩子完全顺从。

周末，妈妈把热腾腾的早饭端上桌，八岁的可欣一边吃一边说："妈妈，我想剃个平头。"妈妈愣了一下，问："什么，为什么要剃平头？"可欣说："我不想天天扎辫子，想换个特别的发型。我要剃平头。"妈妈心里咯噔一下赶忙说："好好一个女孩子怎么能剃平头呢？"可欣生气地说："剃平头又不犯法！反正我就要去剃平头！"说完拿着早餐进了自己房间，"嘭"地一声关上房门。妈妈一个人坐在餐桌旁感慨："没想到孩子的叛逆期这么早就来了。"

妈妈心想，孩子确实说得对，剃平头并不犯法。而且，剃平头也不会对女儿的人身安全造成威胁。另外，剃平头对他人也没有害处。可是，妈妈一直心怀一个公主梦，希望女儿成为漂漂亮亮的小公主，不忍心看着女儿理个"女汉子"的发型，更不想让其他女孩的妈妈指指点点："那个剃平头的女孩太怪了，离她远点儿！"剃平头很可能会给女儿社交生活带来她没有预料到的后果。但是，妈妈决定不直接跟女儿说这些，因为妈妈知道女儿正处于叛逆的心理状态，这些理由不足以劝住她。

于是，妈妈不再提剃平头的事情，只说想趁周末带可欣去逛街，可欣同意了。妈妈特意领她到了一个卖假发的商铺，让店主拿来两个男士的平头假发。妈妈装作得意地对女儿说："我想看看我能不能也剃平头，和你做个伴。我们母女俩如果理同样的发型，一定很有意思。"店主一头雾水地拿来两个男士的平头假发，她俩各自带上假发，还没照镜子，就已经被对方的奇异造型逗乐了。当她俩各自拿着镜子端详自己的平头形象时，可欣看得有点入神。从那以后，可欣再没有提起剃平头的事，妈妈也没有再提。大概过了一年，妈妈好奇地问她是否还想剃平头。可欣说："我不会是唯一想剃平头的女生，想要与众不同，不能通过剃平头实现。"

 开阔孩子的眼界

叛逆有时是因为无知。亲子共读可以帮助孩子开阔眼界，减少叛逆行为。一个没有读书习惯的人，容易被眼前的世界禁锢。如果孩子不读书，只能跟有限的几个朋友或相识者接触交谈，只看见身边发生的事情，很难意识到生活不止"眼前的一亩三分地"。相反，如果孩子养成了读书的习惯，就能见识更广阔的世界。通过亲子共读，家长可以让孩子接触到世界上最有智慧的头脑，引导孩子进入不同的时代或领略不同的文化。

孩子在阅读中了解到自己生活圈以外的世界，从而建立起自己的人生坐标，树立正确的人生观。儿童心理学家布朗芬布伦纳曾提出儿童发展的生态系统理论，认为儿童的成长环境由里向外包括四个层次：微系统、中系统、外系统和宏系统。最里面的是**微系统**，指儿童活动和交往的直接环境，最初是孩子出生的家庭环境，之后随着孩子的成长，范围逐渐扩大，早教班、幼儿园等也被纳入微系统；第二个层次是**中系统**，指微系统各个成分之间的相互关系。比如，儿童与亲人的关系影响了孩子在学校与同学、老师的相处模式。比如一个小孩在家中处于被宠的地位，他一旦来到学校享受不到这种待遇，就可能产生冲突，影响到与同伴、老师的关系；第三个层次是**外系统**，指那些儿童并未直接参与但对儿童的发展产生影响的系统。比如，父母的工作环境。如果父母不喜欢他们从事的工作，孩子的发展可能也会受到间接影响；第四个层次是宏系统，指存在于以上三个系统中的文化和社会环境。宏系统实际上奠定了人们如何对待儿童，教给儿童什么，以及儿童应该努力的环境基础。这些观念在不同的文化中有差别。家长可以通过给孩子读书，让孩子看到熟悉的微系统以外的其他生态环境，认识更加广阔的人生舞台。

 培养孩子服务社会的意识

孩子叛逆好胜的特点，也许体现了他的一些潜在优势。叛逆好胜的孩子自我意识很强，有自己的独特偏好，明白自己的利益与立场，不会人云亦云，他们说不定以后能够成为很好的领导人才，在未来为正义的事业而努力。所以，家长可以尝试把孩子叛逆好胜的特点转化

第五章 通过亲子共读帮助叛逆好胜的孩子

为优势,让孩子找到自己与众不同的地方,为他人和社会做出自己的贡献。

家长可以通过亲子共读,从小培养孩子服务社会和他人的意识,发挥自己的优势。比如跟孩子一起阅读名人故事和民间传统故事,让孩子理解"人人为我,我为人人"。每个人都要有服务和奉献的意识,我们的社会才能稳定和谐。亲子共读是树立孩子社会责任感的很好途径。比如古代神话故事充满了厚生爱民的意识,家长可以引导孩子一起阅读这些故事,和孩子一起品味先民征服自然、变革社会的愿望,从而培养社会责任感。比如,《中国神话绘本》这套书是亲子共读的很好素材,它梳理了中国创世神话的谱系,以适合儿童阅读的方式重述神话故事。它的图画融入了敦煌壁画的美妙风格与底色,人物造型优美、亦真亦幻,让孩子体验到"天地玄黄、宇宙洪荒"的史前中国景象。

六岁的默默最近有点任性,每次去商场都要父母买各种新款玩具,而家里已经有一大堆的玩具车、玩具枪和机器人玩具了。父母每次都劝不住他,给他结账买玩具时,无奈地称他为"碎钞机"。爸爸决定晚上给默默讲一下《中国神话绘本》,希望先民的社会奉献意识能够对孩子有所感染。

爸爸说:"默默,我们今天来讲《尧的故事》吧。"默默问:"尧是谁?"爸爸说尧是天帝的儿子,所以被称作天子。尧当上国君后,臣子计划给他建一座宫殿,但是被尧拒绝了。尧想把附近闲置的茅草屋当宫殿。臣子担心茅草屋太过简陋,"柱子和屋梁都是普通的木头做的,连皮都没刨,就连守门的小官也不会住"。但是,尧还是坚持住进茅草屋。默默奇怪地问:"尧为什么要住这么破烂的茅草屋?"爸爸解释道:"也许尧不想浪费,房子够住就行,不需要再浪费资源重新建一座新宫殿。"

爸爸继续讲,有一年,因为洪水泛滥而闹饥荒,很多人因为没有饭吃而饿肚子。尧见到后就把自己随身带的糙米团送给了前来讨饭的老人。默默问:"尧把自己的饭给了别人,他自己怎么办?"爸爸就说:"尧先考虑别人,而且他还勇于承担起责任,他向讨饭的老人道歉,说因为他没有治理好国家,使老人家挨饿了。我们每一个人都应该有社会责任,天子也一样。"

爸爸继续讲,后来尧想办法把粮食生产量提高了,尧以为人民再也不会挨饿了。可是当他去看老百姓的时候,发现还是有很多人没有饭吃。尧才发现原来有人为了发财竟然把粮食克扣下来高价卖出。于是,尧继续想办法,他在茅草屋门口立了一面大鼓和一块木牌,告诉老百姓如果有冤屈就可以来击鼓鸣冤,或者把冤屈写在那块木牌上。自那以后,就再也没有人敢背着尧做坏事了,百姓也不再挨饿了。爸爸问:"尧是不是很会想办法?如果你想帮助别人,就要独立思考,找到办法来解决问题。明白吗?"默默点了点头。后来,默默经常会想起尧的故事,他还把自己的旧玩具拿到跳蚤市场上和小伙伴们进行交换。

 融入社区生活

家长可以结合亲子共读引导孩子走出家庭和学校,融入社区生活,拓展孩子的生活圈。社区生活是儿童社会性发展的基础,家长应该利用社区的资源,通过了解社区的日常服务、展览等活动,强化儿童与社区之间的联系。同时,家长可以鼓励孩子保护社区资源,学习如何维护社区的美好环境与和谐秩序,增强社会责任感。另外,家长还应该引导孩子了解社区中的不同角色及其作用,学会尊重不同的岗位和人群，理解社会分工的真谛。也可以在社区出现人际冲突时观察学习应该如何处理，从而在社区互动中变得更加成熟和独立。

周末妈妈带蕊蕊去社区图书馆读书，但蕊蕊总爱从书架上挑出一大堆封面漂亮的书，然后抱到地上当玩具玩，还不肯收拾。妈妈跟她讲道理，但她当作耳边风，甚至变本加厉地用力把图书扔在地上。妈妈只好帮她收拾。社区图书馆管理员看见了，向妈妈推荐了一本名为《花婆婆》的绘本，建议她临睡前给蕊蕊读。

蕊蕊看了一眼封面，觉得没什么特别的，就翻开第一页让妈妈读："献给让世界变得更美丽的每一个人。"蕊蕊问："什么是让世界变得更美丽？"妈妈笑着说："让世界变得更美，就是做一些事情让其他人感到更加舒服。我们看看这本书怎么讲的吧。"

故事里的爱丽丝，曾经答应过爷爷三件事：第一件事是去很远的地方旅行；第二件事是住在海边；第三件事是做一件让世界变得更美丽的事。前两件事不难，难的是第三件事。直到有一年的春天，她喜出望外地发现山坡上开满了一大片蓝色、紫色和粉红色的鲁冰花，于是她知道什么是她要做的第三件事了。整个夏天，她的口袋里都装满了花种子，她把它们撒在了乡间的小路边、教堂后面。

蕊蕊问妈妈："只有种花才能让世界变得更美吗？"妈妈说："当然不止啦，你看爱丽丝还在图书馆工作，每天清理书上的灰尘，把书本排列整齐，并且帮助大家找到他们想看的书。她自己也看了很多书，她喜欢把书中的故事分享给别人。这些都能让世界变得更美。你觉得你可以做什么事情让世界变得更美呢？"蕊蕊想了想说："我可以收拾玩具，让客厅更舒服更漂亮。"妈妈说："这个方法很好，你还可以帮助图书管理员把图书放回原位,这样图书馆也会变得更整洁、更舒适。"

04 增加有效沟通

孩子变得叛逆好胜,也可能是一种好的信号,说明孩子成长了,他的思维和心理又步入了新的阶段。家长不必纠结于为什么自己过去一说孩子就听的话现在不灵了,而应该思考如何使用新的思维方式和沟通方式应对孩子的叛逆期。家长应该顺应孩子新的成长特点,摈弃无效的沟通方式。家长还可以通过亲子共读把握教育的时机和方式,避免和孩子正面冲突,利用绘本故事潜移默化地影响孩子。

 重视行为的自然结果

所谓自然结果,指一个人自身行为所导致的结果,是遵循事情变化发展的客观规律的。比如,下大雨之后,路上因为积水或青苔,很容易滑倒,所以下雨天走路要小心。孩子要认识到雨天路滑是一个客观规律,如果不了解这个客观规律,滑倒就会成为一种自然结果。所以,即使家长不提醒孩子下雨天小心走路,滑倒过的孩子也深知这个自然规律,也会自觉地在雨天注意安全。如果不涉及严重的安全问题,家长不要过分保护孩子,可以本着容许自然结果发生的从容心态,让孩子多去尝试,从而获得更深刻的成长体验。

最近,一岁半的芳芳不爱洗澡,每天洗澡前都磨蹭着不肯进浴盆。妈妈买来一本洗澡书。此后芳芳每次洗澡时都要拿着这本洗澡书才肯进浴盆。有了这本洗澡书，芳芳好像一下子克服了恐惧，忘我地在浴盆里玩起水。可是，负责给芳芳洗澡的奶奶，看到芳芳把浴盆里的水都洒出来，搞得满地都是水，就着急地跟芳芳说："芳芳，不要玩水了，你看地上全是水，等你出来就要滑倒了。"可芳芳还故意把水弄到浴盆外面。奶奶生气极了。

刚下班到家的妈妈赶紧接过手来帮芳芳洗澡，让奶奶进房间消消气。妈妈觉得爱玩水也许是每个小孩的天性，水溢出来所产生的混乱只不过是生活的一部分。于是，她耐心地和芳芳又玩了一会儿。芳芳心情放松多了，主动从浴盆起来了。可是她从浴盆起来穿拖鞋时不小心滑了一下。芳芳吓了一跳，幸好没有摔着。自此之后，虽然她还是喜欢带着洗澡书进浴盆洗澡，但是她变得小心了，尽量避免让浴盆里的水溢出来，因为她知道了地面湿滑的危险。

 了解行为的结果

家长可以让孩子通过阅读了解不同行为的结果。作为家长，我们有时候不忍心让孩子承担过于严重的自然结果。这时就可以借助书籍，让孩子无须亲身经历，也能间接地了解行为的结果。比如，家长给孩子讲《三只小猪盖房子》的故事，让孩子看到三只小猪不同行为所产生的自然结果，孩子就会明白：如果想偷懒省事选择搭建简陋的稻草屋，就容易被大灰狼吹倒。阅读给孩子提供了一种间接经验的获取途径，帮助孩子了解不同行为所产生的结果。

家长还可以在孩子亲身经历某些事情前，利用亲子共读提前引导孩子的行为方向，避免事后过多地使用恐吓或者威胁的方式去教育孩子。如果涉及比较严重的安全问题，家长在给孩子立规矩时就要态度坚定而温和，正面地引导孩子"应该做什么"，避免规定

"不应该做什么"。比如，"小熊宝宝绘本系列"，就是培养孩子照顾自己的习惯（锻炼身体、规律睡眠、吃有营养的食物、自己刷牙洗澡），引导孩子爱惜自己的身体。亲子共读让家长和孩子通过更温和的方式了解行为的规则和界限，家长不再需要斥责孩子，孩子的叛逆倾向也不会被激发。

轩轩最近对玩 iPad 很着迷。看到幼儿园里几个小朋友开始带上眼镜，活动很不方便，妈妈心里有点着急，老是恐吓轩轩："不要玩 iPad 啦，再看就要近视啦！"但这种威胁对轩轩没有任何效果，他继续充耳不闻地玩他的 iPad。

有一天，老师给家长推荐了《眼泪小精灵，谢谢你》一书。这本书讲述了可爱的眼泪小精灵如何帮助眼睛保持健康：当眼睛进了脏东西的时候，眼泪小精灵就会马上出现，把眼睛打扫得干干净净。而当人伤心、害怕、委屈的时候，眼泪小精灵也会出现。眼泪小精灵是能让眼睛清爽，也能让心情清爽的奇妙之水。妈妈回家后马上给轩轩讲了这本书。

轩轩听完这本书没有多说什么就去玩乐高了。有一次轩轩对妈妈说："我要成为眼泪小精灵的助手，不用手去揉眼睛，不长时间用眼睛。"妈妈觉得这本书非常符合孩子心理且有感染力，让孩子自己学会保护眼睛，起到了很好的正面引导作用。

读一本书时，书的一边是作者，书的另一边是读者。读者从书中有所收获，不仅作者发挥了作用，读者也通过自己的理解和感受做出贡献。所以，家长和孩子一起阅读的时候，无须把自己的观点和见解强行灌输给孩子，而应该耐心地引导孩子**自己思考和领会**，让孩子理解不同行为的结果，从而让他做出更加理智的行为决策。对于同一本书,家长也可以和孩子在**不同时期反复阅读**,增加孩子的理解深度,让孩子能够把书中的间接经验与自己的成长经历有机地结合起来。

 摈弃无效的沟通方式

通过亲子共读,家长和孩子之间可以达到更好的默契,减少无效的沟通方式。正如在绘本《妈妈,你好吗?》里描述的,家长的一些沟通方式可能会引起孩子不满。比如,书中小男孩的妈妈无论说什么都要加一句"明白了没有",但小男孩觉得自己已经是四年级的小学生了,他早就明白了,不用妈妈过分担心。妈妈还说小男孩的房间是"猪圈",没有和小男孩沟通就把他的很多宝贝都自作主张地扔掉了。于是小男孩给妈妈写了一封信,希望妈妈能理解自己。由此可见,家长不妨也在亲子共读中和孩子一起成长,改掉一些语言坏习惯,用心理解孩子的内心世界。

另外,《妈妈不知道我的名字》这本书也讲述了家长的一种不好做法:喜欢给小孩取绰号(如小宝、小奶宝、小毛球等),以展现亲昵的关系。有时还会取一个带有负面色彩的绰号(如小捣蛋)。可是,孩子心甘情愿地接受这些绰号吗?有时孩子的内心是让家长难以捉摸的。家长自以为是爱的表达,也可能导致孩子的不满。家长可以和孩子读一些亲子主题的故事书,鼓励孩子畅所欲言,表达自己对父母的不满。

亲子共读后的这种善意"吐槽大会",不仅让家长理解孩子的不满,也给家长机会向孩子解释,让孩子理解家长的用心。**其实孩子的心思非常单纯,只要家长耐心倾听孩子的建议,孩子并不会提出什么过分的要求,家长可以尝试满足孩子的小小要求,增强亲子之间的亲密程度,避免亲子矛盾恶化。**下面的故事中,孩子通过阅读意识到原以为理所当然的母爱并非理所当然，可以培养孩子对父母的感恩之心。

悦悦妈妈最初在书店看到《我讨厌妈妈》这本书时，有点震惊，书名居然如此犀利和直接。翻开书一看，觉得内容挺感人的。但是，妈妈还是有点犹豫，买了这本书会不会在孩子心中种下一颗排斥妈妈的种子。妈妈再三斟酌后还是决定买下来，因为最近她和六岁的悦悦关系有点紧张，她想用这本书缓和亲子关系。

故事里的小兔子对妈妈满腹牢骚，他怪妈妈没帮他洗袜子，还乱发脾气，一直催他快点，不准他看动画片，周末赖床不起让他饿肚子。最令小兔子不满的是，妈妈不愿意和他结婚。当小兔子坐在餐桌前，想着妈妈的种种"不是"，越想越气愤，然后决定离家出走。可是不到一分钟，小兔子借口忘记带球，又折返回家，撒娇地扑进妈妈的怀里。

晚上，当母女俩一起读完这本绘本后，妈妈问悦悦："你觉得妈妈有什么让你讨厌的地方吗？"问这个问题之前，妈妈已经在心里再三提醒自己，一定要沉住气，无论孩子批评什么，自己都不要激动。结果，悦悦竟然罗列了一堆针对妈妈的建议清单。妈妈心想：原来孩子对我的缺点记得如此清楚，甚至比小兔子指出的还多。妈妈深吸一口气，温和地问悦悦："那有哪些事情会让你感谢妈妈呢？"出乎意料的是，悦悦竟然又罗列了一堆感谢妈妈的事情。妈妈赶紧抱住悦悦，她明白了，尽管作为妈妈的她有那么多缺点，但是孩子终究还是离不开妈妈的爱。

孩子的不满有时真的有些荒唐。但看完《我讨厌妈妈》这个绘本后，家长可以看到孩子的内心是如此细微而具体。另外，孩子讨厌父母也许是孩子爱父母的另一种体现。孩子也许想通过这种方式表达对父母的依赖,希望确认父母对自己的爱。通过亲子共读这本书,父母理解了孩子对父母的抱怨,孩子也理解了父母的难处。只有家长和孩子都认识到对方的不易,才能更加珍惜对方的爱。

05 走出社交误区

 首先走出认知误区

如果家里有一个叛逆好胜的孩子,那么父母应该会感到苦恼。这时与其花那么多时间给孩子讲道理,还不如留时间给孩子讲讲绘本。一次美好的亲子阅读远胜过长篇大论地讲道理。很多叛逆的孩子往往对社会情境的认知有些扭曲。例如,叛逆心强的孩子会把一个中性事件,看作是别人故意的敌对行为。家长可以通过书中的故事,纠正孩子的一些认知误区,让孩子更好地理解人际关系和社交规则,减少人际间的冲突。

叛逆型孩子在理解社交情境时,往往只根据很少部分的信息进行解读,无法全面地搜集信息,深入理解社交情境。而且叛逆型孩子在解读社交情境时往往把别人的好意或者中性的反应**诠释为负面或者敌意的行为**。另外,在寻求反应模式时,叛逆型孩子会呈现**攻击性的反应模式**,而缺乏建设性的反应模式。而且,叛逆型孩子**很少采用言语沟通的方式**,在决定行为反应时无法做出妥协或者找到双赢的解决方法。所以,家长可以对叛逆型孩子进行社会认知训练,借助亲子共读中涉及社交情境的故事,引导叛逆型孩子建立积极正面的思维方式,纠正扭曲的认知模式。

骞骞最近老爱和妈妈顶嘴,这让妈妈很头疼。妈妈买来一本名为《我把妈妈变成了鳄鱼》的绘本。虽然书名听起来有点古怪,但这其实是有关孩子叛逆的一本好书。妈妈和骞骞一起读着绘本,感觉故事是那么熟悉。书中的妈妈每天都对自己的孩子菊千代说"快点儿起床""快点儿吃饭""快点儿洗澡""快点儿睡觉"。骞骞也觉得妈妈就会说"快点儿"。就是妈妈没有说"快点儿",骞骞也知道她想说"快点儿"。时间紧迫这道理他懂,但是骞骞不知道怎么才能快起来。书中的故事引发骞骞母子俩的强烈共鸣。

书中主人公菊千代在图画本上画了一只系着围裙的鳄鱼,还用箭头指明它是唠唠叨叨的妈妈。结果,妈妈真的变成了一只鳄鱼。当妈妈打开冰箱说"有很多肉",菊千代感到害怕,因为菊千代自己打开冰箱时,根本没有发现肉,看来鳄鱼妈妈说的肉一定指菊千代,可能鳄鱼妈妈打算要吃掉他。菊千代把妈妈的很多善意的举动,理解为敌对甚至是攻击行为,认为妈妈会四处咬人。

后来,菊千代决定想办法解决问题,他把图画本上的鳄鱼妈妈仔仔细细地擦干净,刚才还是鳄鱼的妈妈,一下子变成了一个漂亮的妈妈。菊千代说:"妈妈,你要是偶尔想说'快点儿',你就说好了。我会努力想办法让自己快起来的,我自己会想办法改掉磨蹭的毛病。"

读完这个故事,骞骞困惑地问妈妈:"究竟菊千代的妈妈是不是鳄鱼?"妈妈笑着说:"主要看菊千代怎么去理解妈妈的行为。如果菊千代把妈妈的言行理解为恶意的,那妈妈就变成了鳄鱼。如果菊千代认为妈妈的言行都是发自内心地爱孩子的体现,妈妈就很美丽。"骞骞似乎有点明白了,他说:"其实妈妈爱唠叨经常催促也没关系,关键要自己想办法解决问题。"妈妈连连点头。

第五章　通过亲子共读帮助叛逆好胜的孩子

 引导孩子有效解决问题

虽然叛逆好胜的孩子表现出的是行为上的问题，但是实质上他们对于社交情境存在解读偏差。所以家长可以通过书中故事训练孩子在诠释社交情境时的思维方式，让孩子能够更加全面地搜集信息以理解他人和社交情境，并且有效地解决问题。下面的例子就是借助绘本里的故事，训练孩子思考如何解决问题。

幼儿园老师向洲洲妈妈反映，他最近常和班上小朋友抢玩具，而且脾气暴躁，情绪一激动就压根儿不听老师的劝。最后常常搞得小朋友大哭起来，影响了整个班的氛围。老师希望妈妈回家多做正面引导。妈妈知道了问题的严重性，决定跟洲洲重温一下《菲菲生气了——非常、非常的生气》这本书。妈妈一边指着画面，一边讲：当菲菲玩得正高兴时，姐姐一把抓住了大猩猩。菲菲说："不行"。妈妈说："菲菲，是该她玩了。"姐姐用力夺走了大猩猩。菲菲跌倒在玩具车上。读到这里，妈妈准备启发孩子思考解决问题的有效方法。

妈妈：菲菲发生了什么事情？她怎么了？

洲洲：姐姐抢了菲菲的玩具，而玩具是菲菲先拿到的。

妈妈：当姐姐抢了玩具的时候，你觉得菲菲有什么感受？

洲洲：菲菲非常生气。

妈妈：那姐姐呢？姐姐抢玩具时有什么感受？

洲洲：姐姐也生气，姐姐可能觉得菲菲已经玩那个玩具很长时间了，自己已经等了很久了。

妈妈：菲菲和姐姐用力抢夺玩具，后果是什么？

洲洲：菲菲跌倒了。

妈妈：你能帮助她们找到一个不同的办法，使姐妹俩都不会生气吗？

洲洲：姐姐可以拿另一个娃娃跟菲菲交换。

妈妈：如果姐姐这么做，可能会发生什么？

洲洲：我想菲菲会说"好的"。

妈妈：那以后你如果遇到类似的情况，也要冷静想办法。

 避免对孩子喊叫

有的家长在面对孩子的叛逆和对抗行为时，就会情不自禁跟孩子发生口角和争论，对孩子大喊大叫。其实家长一定要先冷静下来，提醒自己：亲子交流的关键是让孩子学会思考解决问题的办法，而不是为了教训孩子。亲子共读的轻松环境，有助于缓解亲子之间的紧张关系，让家长和孩子都更加冷静、客观地思考不同行为的可能性，以及行为产生的结果。同时，亲子共读中的讨论，也能够让家长静下心来倾听孩子的想法，抑制自己想马上给孩子提供解决方案的冲动。

家长可以尝试通过阅读训练孩子思考解决问题的方法，具体包括以下三个步骤：

第一，家长要先**搞清楚孩子对故事情景的看法**。比如，对于书中主人公抢玩具，孩子有什么看法。主人公究竟是不愿意分享玩具，还是觉得那个玩具已经分享给别人足够长时间了，需要要回来。只有当家长搞清楚孩子对问题的看法，才能跟上孩子的思维，引导孩子去思考解决问题的方法。

第二，家长要**避免直接告诉孩子解决方案**，要留给孩子思考的空间。要记住这是孩子而不是大人必须要解决问题。有的家长习惯于直接地给出解决问题的建议，没有鼓励孩子自己想办法，孩子完全没有参与对问题的思考，只能按照家长的建议做。

第三，家长要把亲子共读的讨论重点放在引导思考上，**避免对孩子的解决方案给出具体评论**。家长不需要赞扬孩子提出的解决办法，因为这可能会阻碍孩子进一步思考其他办法。家长也不需要批评孩子的某个解决办法，因为这可能会让孩子不再愿意自由地说出内心的真实想法。家长只需要鼓励孩子多做思考，考虑不同行为所产生的影响。

 提升沟通技能

叛逆型孩子通常比较缺乏沟通技能，无法和同伴有效地交流和协商，因此常常不被同伴接纳。而同伴的拒绝又进一步导致叛逆型孩子自尊受损。所以，家长需要从根本上教会孩子理解他人的感受，通过有效的沟通，解决人际关系问题。在亲子共读过程中，家长可以在书中的某页停下来，让孩子猜猜书中人物的感受。问问孩子是通过什么途径知道的，是看到的，还是听到的，还是猜测的。无论什么样的故事情节，都可以花点时间和孩子讨论书中每个人物的感受。

读完故事后也可以根据故事中的人物及其感受来改编故事。家长可以鼓励孩子给故事添加一些细节，让孩子说说故事中的人物为什么会伤心，或者为什么会感到开心。家长也可以问问孩子是否在现实生活中有过人物所感受到的情绪。比如在读完"灰姑娘"的故事之后，可以引导孩子思考灰姑娘的后妈为什么要阻止灰姑娘去参加王子的舞会，后妈的苦衷是什么，情绪是怎样的，从而鼓励孩子从不同的立场去思考问题。

学习换位思考

家长也可以引导叛逆的孩子学习换位思考，让孩子学会设身处地考虑他人的感受。比如，《不要，不要，妈妈不要》这个绘本，就是旨在引导孩子形成换位思考的好习惯。故事中的小男孩与妈妈互换角色，充当家长的角色，妈妈则充当淘气不听话的孩子。孩子一整天都在提醒妈妈，比如，"妈妈，不要直接对着嘴喝！您不是总这样说我吗？"最后，孩子崩溃地说："妈妈怎么一点儿都不听话啊！"只能歇斯底里地喊："不要做不准做的事！"这个熟悉的画面不就是父母教育叛逆的孩子时经常出现的吗？

当故事中的小男孩与妈妈互换角色以后，学会了换位思考，原来妈妈做的每一件离经叛道的事情，细细想来可能就是他自己平日做过的事情。那个换了角色后的小男孩也能体会到妈妈的感受了。任何事情只有亲身经历才会理解他人。孩子通过这个故事理解了父母的良苦用心。同时，家长也可以感同身受地体会到孩子听到父母一次又一次歇斯底里咆哮时的感受了。其实孩子希望能够大胆去玩，不用完全按照大人的意愿去生活，不愿被一味地制止，"这也不能干，那也不能干"。如果家长和孩子都能变换一种交流方式，采取有效的沟通方法，充分理解对方的感受，日常生活中的亲子矛盾就会减少。在阅读中练习换位思考，会激发孩子积极主动地思考如何解决问题，而不是简单粗暴地跟家长顶嘴对着干。

最近妈妈发现昊昊有点以自我为中心。有时他把妹妹惹哭了，却无动于衷，甚至妈妈着急难受时，他也无动于衷。于是妈妈今天决定和昊昊共读《我的感觉——我好难过》这个绘本，书中有主人公小猫难过哭泣的几幅画面。

妈妈：看，那个小猫在哭。她有什么感受？

昊昊：小猫难过。

妈妈：你怎么知道小猫难过呢？

昊昊：我看到了她的表情。

妈妈：这个小猫为什么难过呢？发生了什么事情让她那么难过呢？

昊昊：因为她妈妈大声地冲她发火。

妈妈：怎样才能让小猫重新开心起来呢？

昊昊：她妈妈应该冷静下来，不要对小猫大声发火。

妈妈：你觉得你妹妹什么时候也会感到难过呢？

昊昊（有点不好意思）：如果我大声冲妹妹发火，妹妹也会难过。

妈妈：那下次妹妹难过的时候，你也可以试试冷静下来，不要大声发火。

第六章
通过亲子共读防止孩子沉迷电子产品

———

古希腊著名哲学家苏格拉底曾预言：文字和书写将成为阻碍人们思维和记忆发展的罪魁祸首。美国著名发明家爱迪生也曾预言：电影将取代课本。近代电视界的高管们也预言：像《芝麻街》这样的儿童教育节目，将解决孩子的识字困难问题。然而所有这些预言都被事实推翻了。人类发展的步伐是无法阻挡的，数字化时代里每个孩子都会不可避免地接触电子产品。作为家长，我们无法让孩子躲避汹涌而来的数字大潮。我们必须承认，电子产品有其好处，比如，孩子通过数码设备可以更便捷地获取信息。但是，因为电子产品容易让人上瘾，也被称作"电子海洛因"，再加上孩子的自控力本来就还没有发展完善。所以家长要引导孩子避免过度使用电子产品。

然而事实是，每到节假日家庭大聚餐时，大人和小孩都一边往嘴里塞食物，一边目不转睛地盯着电子屏幕。很多小朋友已经成为"电子屏幕控"。不少家长也抱怨孩子只喜欢玩电子游戏和看动画片，不爱看纸质书。孩子沉迷电子产品已经成为一个棘手的教育问题。

第六章　通过亲子共读防止孩子沉迷电子产品

　　世界卫生组织在 2019 年正式发布了有关幼儿接触电子屏幕时间的建议报告：2 岁以下幼儿不建议接触任何电子屏幕，2~5 岁儿童每天接触电子屏幕的时间不应超过一小时。这份报告在中国家长中引起强烈的反响。事实上，很多家长都曾让孩子玩手机游戏，幼儿园老师也常在课堂上让孩子看动画片，很多幼儿教育产品都借助电子屏幕与孩子互动，面向幼儿的电子书销量更是逐年攀升。世界卫生组织的这份指南给家长敲响了警钟，家长必须采取有效措施避免孩子沉迷电子产品，而亲子共读就是一种有效的途径。

01 充实家庭生活

 真的"机"不能离"手"吗?

如今电子产品已经成了人们生活的必备品,人人机不离手。在体验电子产品带来的便利与欢乐的同时,人们逐渐忘记了生活中简单、宁静的幸福。绘本《晚安,iPad》就刻画了互联网时代的生活场景:晚上家里叮咚作响,孩子不想睡觉,家长心烦意乱,绞尽脑汁与孩子斗智斗勇,威逼利诱孩子放下 iPad,上床睡觉。这是美国绘本作家安·卓伊德的作品。70 多年前的《晚安,月亮》,被称为"20 世纪最具影响力绘本之一"。然而如今时过境迁,很多孩子不再习惯和月亮说晚安,而是抱着手机、端着 iPad 入睡。

六岁的逸逸很喜欢玩手机游戏。爸爸长期在外做生意,妈妈工作也很忙,晚上回到家也没时间陪逸逸,只好把手机扔给他,让他自己玩游戏。逸逸白天由爷爷奶奶照料,整天期待着妈妈早点回家可以玩妈妈手机上的游戏。他每晚玩手游两小时,常常不肯放下手机去睡觉,第二天上学起不来,起床后也没有精神。

第六章 通过亲子共读防止孩子沉迷电子产品

逸逸爸爸常年在外牵挂着孩子。爸爸对自己小时候只有《故事会》可读感到耿耿于怀，遗憾自己在最有时间读书的时候没有书读。爸爸不愿让自己小孩重蹈覆辙，所以常常给孩子买很多书。可等爸爸休假回到家，从书架上一本一本拿书给孩子读时，逸逸却一点都不感兴趣。书对逸逸来说没有什么吸引力。在爸爸不注意时，逸逸还会拿走爸爸的手机玩得不亦乐乎。爸爸感到很痛心，逸逸小小年纪却已经沉迷于游戏了。

爸爸后来找到了《晚安，iPad》这本书，它描述了互联网时代人们依赖电子设备的场景。爸爸觉得这本书的画面太像他家现在的情况了。于是，他诚恳地邀请逸逸一起看这本书。父子俩打开书，看到兔子一家全都沉浸在自己手中的电子设备上，连最小的小不点儿也手持iPad。兔子爷爷手拿电子书，旁边的书架空空的，书、报纸、阅读灯都丢在垃圾桶里。躺在摇椅里的兔奶奶看着小兔子们带着3D眼镜看巨大的高清液晶电视。整个房间充斥着电子设备发出的滴滴、叮当、嘟嘟、彭彭、"你有新邮件"的声音。

想要安睡的兔奶奶忍无可忍，她从摇椅上站起来，夺走小兔子手里的iPad，拿走手机，抱走电脑，把这些统统丢到窗外。兔子们大惊失色，又拖又拽又跪求，但都没能拦住兔奶奶。所有电子设备都被兔奶奶扔掉了。一群兔子围在窗边叹息，连兔爷爷也不满。可兔奶奶不为所动，把兔子们都送上了床，和电子设备一一道晚安。到了最后，所有的兔子都进入了梦乡——不对，有只小兔子偷偷摸摸地爬起来了，就是刚刚抓着iPad死活不肯松手的那只兔子，他悄悄地把手伸到枕头下边，拿出一样东西，是《晚安，月亮》，他最喜欢的一本绘本。

逸逸不解地问爸爸："为什么要扔掉iPad和手机？必须这样吗？太浪费了！"爸爸耐心地跟他解释道："iPad和手机只是我们的工具，

用来完成一些任务，但是不能控制或者占据我们的生活。"逸逸似懂非懂地点点头。

培养一种好习惯比改掉一种坏习惯要容易得多。家长尽量不要让六岁以下的孩子接触手机游戏，不要让孩子养成玩手机游戏的习惯。父母要尽量删除手机里的游戏、音乐、视频等吸引孩子的应用程序。孩子即便想玩手机，只能翻翻相册、拍拍照，也就不会觉得有趣，自然不会一直缠着父母拿手机玩。同时，家长在孩子成长的关键期，还要学会"抢夺"孩子的时间，如果孩子花在阅读上的时间多了，那么花在玩手机游戏上的时间自然就减少了。家长应该坚持亲子共读，培养孩子的阅读兴趣和阅读习惯。

 加强亲子沟通

一些家长默许孩子用玩游戏的方式打发时间，造成亲子交流不足。正如绘本《我的感觉——我好难过》里的小主人公所说的："当我真的有话要说，却没人愿意听的时候，我好难过。"如果家长和孩子都坐在客厅里，但是每个人手里都拿着手机，眼睛盯着屏幕，孩子的心声就无法表达。

其实，家长理解孩子内心世界的方法很简单，如这本书中提到的："难过的时候，其实有法子可以让我好过一些，比如告诉别人我很难过。在我伤心的时候，有人能在我身边，这种感觉很好。"大多数孩子是渴望亲子沟通的，只是在电子设备盛行的今天，我们的生活秩序被打乱了。即使最亲的父母就坐在跟前，孩子也感觉不到他们真心愿意倾听，孩子也不确定父母是否在乎并接纳他们的感受。所以，家长最好在孩子面前放下手机，用心与孩子沟通。

第六章 通过亲子共读防止孩子沉迷电子产品

 给予孩子充分的关爱

如果孩子已经有沉迷手机游戏的习惯，那么家长就要分析孩子沉迷其中的原因。很多时候，孩子**沉迷游戏是因为缺少关爱**。很多孩子在亲子关系中没感知到家长的关爱，边界感和规则意识比较淡薄，缺乏精神指引和努力方向。所以，孩子可能持有一种绝望的信念："无论我多努力，爸爸妈妈都不喜欢我。"孩子感到很迷茫，而电子游戏给他们提供了大脑所需的兴奋点。

每一个孩子都热切渴望得到父母或他人的**肯定和反馈**。电子游戏能及时给孩子提供反馈，给予激励。电子游戏可以告诉玩家，距离实现目标还有多远，并清晰地反映在点数、级别、得分、进度条上面。电子游戏的反馈系统是一种承诺，目标绝对是可以达到的，从而给人继续玩下去的动力。不光是孩子，其实成人也渴望得到这样及时的反馈。电子游戏就是利用孩子对及时反馈的偏好，"入侵"到孩子无聊的生活中。

曼曼只有五岁，一放学就要玩电子游戏，妈妈说带她去公园或者去骑车，曼曼坚决不肯。妈妈说给她读故事书，曼曼觉得无聊。妈妈很受打击，就试探着问她："宝贝，你为什么喜欢玩 iPad 上的游戏？"曼曼脱口而出："因为很好玩！"妈妈痛定思痛，决定借鉴电子游戏的优势，让亲子互动也变得更好玩。于是，她趁曼曼不在身边的时候，仔细研究了曼曼最喜欢玩的那款游戏。她发现那款游戏给孩子的鼓励很多，让孩子有很明确的目标。

妈妈采用"拿来主义"，尝试让亲子共读也变成有趣的小游戏。她邀请曼曼一起看一本像游戏一样好玩的绘本《谁藏起来了》。曼曼翻开第一页，看到狗、老虎、河马、斑马、袋鼠、狮子、兔子……18种小朋友喜爱的动物逐个登场亮相。曼曼觉得画面很逼真，看书就像在玩一个小游戏。每次翻页，曼曼都会猜"谁藏起来了""谁哭了""谁转过身去了"。动物们轮流躲藏着，变换着各种不同的姿态。

妈妈觉得这本书的设计很巧妙，通过改变动物背景的色彩，使得每页都有若干动物隐藏起来。曼曼需要观察和记忆动物的特征，如耳朵、尾巴、犄角、五官、表情、脸型、身型等，猜测藏起来的是什么动物。在最有挑战的一幅图画里，背景变成漆黑一片，只有不同动物的眼珠和眼白，在黑白的画面中，曼曼要认出是哪种动物。聪明的曼曼经过一番思考后找到了答案。她发现原来和妈妈看书也是一件有趣的事情。

02 消除孤独感

 不要把电视当保姆

育儿是一项非常艰辛的任务，家长每一天可能都面临着相当大的育儿压力。所以，一些家长、保育员甚至早教工作者不得不依赖于电视，把电视作为孩子的"保姆"。电视具有神奇的功能，只要电视机一开，动画片一播，孩子就安静了。

四岁的东东从小好动，在家攀高爬低，稍不留神就会打烂东西或者摔跤。东东的爸爸妈妈比较忙，家里又没有老人或者保姆帮忙，每天下班接孩子回家、做饭、做家务，忙得不可开交。爸爸妈妈觉得管不住东东，于是买了一大堆童书，叫他自己看书，他却一点都不感兴趣。后来爸妈干脆就让他看电视,他一看电视就目不转睛,坐着一动不动,甚至连喝水、上厕所都想不起来。爸妈觉得电视也许是唯一能"管住"东东的办法。于是,只要东东醒着,家里的电视就基本没有关过。

看电视最明显的弊端就是影响孩子的视力,这一点很多家长心里都清楚。但是家长可能没有意识到的是,看电视还会妨碍孩子休息。有些家长误以为孩子放学回家看看电视可以放松一下。但如果孩子长时间看电视,就不再是放松。只有适度的娱乐才能让大脑放松。当孩子的大脑被电视的视听觉信息过度刺激,看电视就起不到放松的效果。所以世界卫生组织倡议,为了五岁以下的儿童茁壮成长,必须减少孩子坐下来看电视的时间。长时间坐着看电视,会导致孩子睡眠不足,睡眠质量低下,体育活动水平低下,影响孩子的健康成长。很显然,电视是个不称职的"保姆",让孩子久坐看电视并不是管住孩子的好办法。

 孩子看电视错过了什么?

看电视除了使孩子休息不足,还会使孩子错过了很多其他活动。比如,看电视的孩子可能没有时间和同伴骑车、玩滑板、打球、奔跑、画画、看书、聊天。如果孩子每天都花大量时间懒散地看电视,那么孩子就错失了宝贵时间去做很多更有意义的事情。孩子应该用更多的时间去积极玩耍、主动探索。只有孩子自己动脑和动手完成某项任务,才会学到更多。而看电视的时候,孩子大多是坐在电视机前,被动地接受电视上的信息。假如全家关掉电视,孩子的生活可能会一下子变得丰富多彩起来,也许孩子可以不慌不忙地学习下棋或玩拼字游戏，把尘封很久的乐高或者汽车模型拿出来组装，烤蛋糕和饼干，给亲人写贺卡，打扫卫生，或者参加体育活动。

上大班的望望放学回家，把"地球一小时活动"（为了应对气候变化，每年三月份的最后一个周六晚上八点半，关上电灯和耗电产品一小时）的作业告诉妈妈。妈妈听到喜出望外。她给望望拿出一本新绘本《停电以后》，让他从书里找些灵感完成作业。这是妈妈早就想给望望读的一本书，但是他每晚只顾着看电视，对看书不感兴趣。妈妈告诉望望，这个故事发生在美国纽约，一个夏天的夜晚，闷热、喧闹，故事里的小妹妹取出一盒二人对战的棋，想找家人玩。但每个人都在各自的房间忙碌着：姐姐一直在和朋友打电话，妈妈坐在电脑前打字，爸爸在厨房里做饭，没有人能和她玩棋。最后，她和小猫回到房间独自玩。忽然，停电了。这个意外事件使爸爸、妈妈、姐姐都放下了手中的事情。全家人挤在电筒和蜡烛旁，没有电，什么也做不了。爸爸就带大家在烛光旁玩起了手影，非常好玩。全家人还走到楼顶，和社区里的人愉快交谈。

望望听完了这个故事，妈妈问他："其实没有电也不无聊吧！"望望点点头说："没有电，我可以跟爸爸妈妈玩手影游戏。"妈妈笑着说："不只手影游戏，我们还可以玩很多不同的游戏，还可以聊天，都很有趣。"望望已经非常期待"地球一小时"的到来了。

家长和孩子一起看电视并不是高质量的亲子陪伴方式。但是，关掉电视之后应该做什么？这可能是家长头疼的问题。家长不知道如何去填补孩子因为不看电视而空出来的时间。因为长期习惯于依赖电视，有些家长甚至不知道如何陪孩子玩了。其实聚在一起朗诵或者各自阅读，读书之后还可以和家人聊天讨论，有问有答，是非常惬意的

第六章　通过亲子共读防止孩子沉迷电子产品

亲子交流方式。书本能够拉近人与人之间的距离，建立起家人之间的亲密关系。

茜茜小时候在老家跟爷爷奶奶长大。爷爷奶奶腿脚不灵便，很少带她出门，所以她常常和两位老人在家里看电视消磨时间。今年她三岁了，父母把她接回来准备让她上幼儿园。由于茜茜之前主要通过视频才见到父母，所以她跟父母一点都不亲。另外，她发现父母家里竟然没有电视机，又惊讶又生气，哭闹了好几天想要看动画片。父母不同意，觉得她老看电视会影响视力，而且他们很担心之前两地分居影响亲子感情，急切希望改善亲子关系。

妈妈听说亲子共读可以提升亲子关系，就想和茜茜一起看书。但是在老家爷爷奶奶没有给她读过书，所以她不喜欢看书。这天，妈妈特意选了一本叫《爱书的孩子》的绘本。故事中的两个小朋友安格斯和露西的家很与众不同。他们家没有电视机，没有车，甚至没有房子，但是有很多很多的书。安格斯和露西喜欢看书。这些书堆满了家里的每个角落。直到有一天，他们的家再也装不下这些书了，必须把这些书搬出去。他们把书都搬出去后，没想到一切都变了，虽然空间变宽敞了，但是家人之间的距离变得遥远了。直到有一天，露西的书包里掉出来一本书。妈妈问："从哪里来的？"露西说是从图书馆借的。爸爸打开书，大声地朗读第一个句子，接着读第二句。孩子们都靠过来了，爸爸翻了一页又一页，并且一字一句地朗读着。就这样，他们一家又回到了有书的生活，全家人挤在灯光下，静静地听爸爸读书。

茜茜对这本书很感兴趣，因为她原以为每个家都应该有电视，但是这个故事里的家就没有电视，只有书。在妈妈的耐心陪伴下，茜茜不像以前那样闹着要看电视了。

 减轻孤独感

虽然全家人看电视有时被描述成一种家庭活动,但是很多电视节目并不是专门为儿童制作的。而且对于儿童而言,看电视常常是一种独自的体验。家长即使和孩子一起看电视,孩子还是很难与家长交流。家长看电视时处于自己的个人世界,孩子也很难加入。所以家长首先要做好表率作用,主动关掉电视,通过增加亲子共读时光,提升家庭生活的质量,让孩子逐步减少对电视的依赖。

亲子共读还可以减轻孩子的孤独感,改善亲子关系。家长可以在亲子共读中加入游戏的内容,让孩子领会到读书也是很好玩的。在亲子共读的过程中,家长应以孩子为中心,注意孩子的一举一动,及所反映出来的心理状态,并向孩子传达支持与理解。对孩子在亲子共读上的参与和努力,家长要有所反馈,增加孩子的成就感。

 如何关掉电视?

有的家庭除去睡觉之外会一直开着电视作为背景声效。实际上,这些家长心里也了解孩子长时间看电视的弊端,但是他们还是没有限制孩子看电视的时长。这可能是因为他们不知道如何关掉电视。面对孩子倔强的反抗,家长常常会妥协。其实,当跟电视说再见之后,家长首先要做的是给孩子提供更丰富的家庭活动,让孩子即使没有电视也不会感到无聊。

凯凯是个超级电视迷,周末常常一整天都在看电视,甚至连晚上睡觉都受到了影响,周一早上去幼儿园时常常迟到。凯凯马上就要上小学了,父母意识到问题严重,于是痛定思痛,决定要帮他纠正他痴

第六章 通过亲子共读防止孩子沉迷电子产品

迷电视的坏习惯。

爸爸先柔声细语地跟凯凯说："别看电视了。"凯凯根本没听进去；然后爸爸强硬地直接把电视机关掉了，凯凯哭闹了半天，搞得父子俩都很烦躁；最后爸爸决定动之以情、晓之以理地跟凯凯讲看电视的种种坏处，可是凯凯讨厌说教，爸爸一点办法都没有了。

妈妈决定"出战"，她在网上认真地研究了一番，搜到一本叫《再见，电视机》的绘本。故事里的小男孩里昂一家都是超级电视迷，从早到晚都在看电视。电视机被拟人化，它在不眠不休地为一家人工作后，终于支撑不住生病了。它浑身发热，不停颤抖，还不停地轻轻咳嗽。里昂妈妈觉得电视机可怜，提议给电视机休假。于是，里昂一家把电视机送到海边度假，电视机躺在椰子树下的吊床里，怡然自得地喝着椰汁。可里昂一家在没有电视的日子里却感到无聊透顶，难得休假几天的电视机一回来就被一家人追着要播放节目。电视机忍不住吼到："你们除了看电视，还有很多事情可以做。"电视机建议里昂一家尝试在不看电视时画画、看书、运动、养宠物等。里昂一家被电视机的建议惊醒了，决定试一试。从那天开始，一家人重新拥有了快乐，那是不同于以前沉迷电视时的快乐。

凯凯被这本书所吸引，他没想到电视机也会累，他为电视机的生病而感到难过。

家长在限制孩子看电视的时间时，千万不要让孩子误以为不能看电视是被"看书"这件事害的。如果家长对孩子说"你可以在读书和看电视之间选一样"，孩子通常会选看电视。这样做，反而让孩子对阅读产生厌恶。家长可以说："我们家八点以后关电视。如果你要一起读睡前故事，没问题。如果你不想看书也没关系，但八点以后还是不准看电视。"只要家长耐心地引导，总是可以找到办法让孩子关掉电视的。

03) 促进深度学习

 避免"微波炉式学习"

现代人生活节奏很快，常依赖于便捷的电子媒体进行学习。很多家长误以为让孩子接触电子媒体就等于学习，比如认为孩子玩有关字母的电子游戏就可以替代练习拼写英文字母。实际上，借助电子媒体进行的学习，仅仅是一种"微波炉式的学习"。就像我们可以用微波炉加热食品和制作爆米花，但我们不能用微波炉烹饪三餐。如果要想获取有营养的美食，还需要投入时间和精力，甚至爱心。学习也是如此。完全依赖于电子媒体的学习，无法深入探究该领域内部的真谛。家长仍需要花时间和精力陪伴孩子，引导孩子借助电子媒体进行深度学习。

如今有些家长连纸质书都不买了，只买电子书，认为电子书便宜又不占空间。其实，电子书在学习效果上不如纸质书，孩子阅读电子书很难产生深度记忆和深度加工。孩子的阅读还是应该以纸质书为主。纸质书具有固定的"物理界标"，比如封面和封底，页面的顶部和底部，书的前半部分和后半部分，就像在大海航行中所需要的浮标，让大脑感受到信息是真实存在的，更具有空间感，便于记忆锚定。研究发现，人们在电子书上的阅读速度要比纸质书慢6%～11%。另外，通过纸质书学来的内容能在大脑中留下更加深刻的记忆痕迹。还有研究者让读者同时看纸上的图像和电子图像，并对他们的大脑进行核磁共振扫描,观察他们大脑的反应是否相同。研究结果表明:大脑中负责处理视觉和空间信息的区域和涉及情感反应的区域,在看到纸上的图像时比看到电子图像时的反应更强烈。而这两块大脑区域能提升日后回忆和提取信息的能力。所以,阅读纸质书,对大脑来说感受更真实、记忆更长久。家长应该鼓励孩子多读纸质书,在不方便携带纸质书的时候,适当阅读电子书进行简单的休闲阅读,或者尝试不同的读物。当看到孩子感兴趣的书籍时,还是应该给孩子买回来,鼓励孩子使用纸质书进行深度学习。

 培养深度学习的习惯

习惯一旦养成了就很难改。如果孩子已经迷上了看电视,那么家长可以引导孩子多看些文化类或科普类的电视节目,唤起孩子深度学习的兴趣和动力。电视的存在,不能否认有一定积极的作用。孩子们通过电视,比如家长可以陪伴孩子观看《朗读者》一类的节目,让孩子了解到有血有肉的人物对于书籍的真实情感。家长和孩子一同观看这个节目时,可以跟孩子聊聊节目中提到的书籍的背景故事,鼓励孩子进一步了解没有在节目中读出来的其他文字。当孩子深度学习的兴趣被唤醒之后,家长可以购买一些节目中提到的书籍,并且和孩子一起朗读这些经典美文,和孩子讨论这些文字以及相关的故事,让孩子在阅读中收获快乐。如果家长用好电视这个媒体,也能培养孩子的阅读兴趣。

五岁的恬恬暑假回老家和爷爷奶奶住了两个月。爷爷奶奶都不爱出门,只爱在家里看看电视。于是,恬恬每天跟着爷爷奶奶看电视。暑假结束,父母把恬恬接回身边,发现恬恬不像之前那样喜欢玩玩具和看书了，只是闹着想看电视。父母很苦恼，怎样才能戒掉她的电视瘾呢？

爸爸想到一个"顺水推舟"的办法。他翻出来一本恬恬小时候看过的绘本《我喜欢书》。爸爸说："恬恬，你现在这么喜欢看电视？你觉得哪个电视节目最好看？"恬恬看到爸爸没有阻止她看电视，就笑着回答爸爸："我最爱看《天线宝宝》，昨天我还看到天线宝宝遇见奇怪的恐龙。"爸爸说："原来天线宝宝遇见了不同寻常的恐龙，怪不得你看得那么入迷。你想了解更多恐龙的事情吗？"她点点头。爸爸赶紧"因势利导"地对她说："我们应该怎么去了解更多有关恐龙的事情呢？"她有点困惑地说："恐龙好像已经灭绝了，动物园里肯定找不到。爸爸，怎么办？"爸爸就说："我们可以先看看书，书里面可能有很多答案。"

然后爸爸拿出来准备好的绘本《我喜欢书》，对她说："我们之前不是看过这本书吗？它告诉我们，书的世界是多么丰富、有趣和神奇。书里可以有好笑的事情，有恐怖的故事；有童话，有儿歌；有恐龙，有怪物，有海盗。我们可以从书里找到很多电视上没有讲清楚的事情。"恬恬翻着这本熟悉的书，和爸爸一起读书的快乐时光又回来了。

 激发孩子的求知欲

如果家长发现孩子喜欢上某种电子游戏，也可以采用"顺水推舟法"，顺应孩子的这个兴趣点，鼓励孩子利用书本知识解决游戏里的问题，借机培养孩子遇到问题就去书中找答案的意识。哪怕孩子刚开始只对游戏攻略的书感兴趣，家长也不用太着急，可以让孩子在不完全戒断游戏的情况下，一边玩游戏一边提高对书的兴趣。只要孩子养成了自觉钻研书本的好习惯，对书本的亲切感就可能会逐步变得浓厚，然后慢慢地在书本中发现超越游戏的乐趣。只要早期阅读习惯建立起来，孩子到了一定年龄，随着识字和阅读能力的增强，读书就不再是需要家长强迫的事情，沉迷游戏的问题也就会迎刃而解。

小兆爸爸沉迷于网络游戏，六岁的小兆也常跟着爸爸一起玩。小兆马上要上小学了，看到小兆一点都不爱看书，满脑子只有游戏，妈妈感到担忧。妈妈知道如果屏蔽不了爸爸的不良影响，严禁小兆打游戏是没有用的。于是，妈妈准备"顺水推舟"地培养小兆看书的习惯。妈妈了解到小兆最近爱打的游戏是"魔兽世界"，就给他买了一本有关这款游戏的攻略书，书中详细介绍了游戏故事的背景等内容。小兆看到妈妈不再唠叨他，还给他买了自己期待已久的游戏攻略，很开心，从头到尾仔细地研读了攻略书。

妈妈惊喜地发现，即便小兆还有很多字不认识，也不影响他读这套书的热情，连游戏都玩得少了。后来他玩游戏时遇到问题，就去书中找答案，自觉地钻研游戏攻略书。在玩游戏的同时，也提高了阅读兴趣。

 激活孩子对文字的敏感度

家长可以把孩子沉迷某事的积极性，顺水推舟地引导到阅读上。比如，很多孩子喜欢看电视，有些节目是带字幕的。孩子可以一边看电视画面一边看字幕，对理解电视内容和积累词汇都有好处。这种通过看和听的两种方式来认识一个词语，更可能保留在记忆里。当家长不能陪孩子进行亲子共读的时候，观看有字幕的知识和文化含量高的节目，有利于增加孩子的词汇量，这种方法对于学习外语也有帮助。

两岁半的丁丁很喜欢看动画片，于是妈妈给他找来小猪佩奇的英文动画片。每次他哭闹着想看动画片时，妈妈就陪丁丁看三集小猪佩奇的英文动画片。因为小猪佩奇是丁丁最喜爱的玩偶，所以他自然而然地接受了这部英文动画片。看完三集，丁丁还想看，妈妈摇摇头说："不行，我们的眼睛要休息了！"因为小猪佩奇每集只有 5 分钟，连续看三集已经 15 分钟，要让眼睛休息一下。

妈妈在播这部英文动画片时，还特意把英文字幕放出来。她惊喜地发现，丁丁通过看字幕，还认得了一些简单的英文单词，比如 pig, cat, mom, dad 等。妈妈陪他看完佩奇动画片之后，拿出一张纸，用自然拼读的方法给丁丁讲解如何拼读 pig, cat, mom 这些简单的单词，丁丁很快就高兴地学会了。

04 激发孩子内心的梦想

有些孩子沉迷电子产品，归根到底是因为思想过于"简单"。一方面，使用方式比较单一，只会打游戏和看电视，如果上网就是在社交平台上聊天。家长应该引导孩子拓宽获取信息的渠道，防止孩子过早陷入"信息窄化"。同时，让孩子学会判断和理解信息的能力，预防网络诈骗。另一方面，过度沉迷电子设备的孩子可能生活轨迹过于单一，生活方式比较无聊，孩子不知道除了宅在家里玩弄电子设备，生活还可以有什么不同的可能性，缺乏梦想的指引。家长可以丰富孩子的生活趣味，激发孩子的梦想，从而摆脱迷恋电子设备的困境。

让孩子找到"诗与远方"

家长可以通过亲子共读，让孩子看到不同人的生活，让孩子了解生活的多种可能性。家长还可以通过阅读，潜移默化地鼓励孩子培养多种兴趣爱好。当孩子有了丰富的兴趣爱好，形成了自己的梦想，对看电视和打游戏的热情自然而然就会减少。正如在绘本《如果我是一本书》中所探讨的，书中有丰富的内涵和神秘的力量，一本书能点亮孩子的梦想，对视孩子的心灵。这本绘本是由葡萄牙著名作家何赛·雷迪亚和葡萄牙青年插画家安德烈·雷迪亚这对父子共同创作完成的。父亲的文字平缓而温柔，儿子的图画色彩浓厚而奇幻。这是一种文字和图画之间的相互包容，也是一种亲子之间的相互依靠。在进行亲子共读时，亲子之间的交流能产生同样神奇的效果。

一本书等待着读者去阅读，就像一匹骏马等待它的骑士。当读者能够驾驭得了它自由奔放的灵魂，它也就可以带领着读者纵横驰骋。 家长应该鼓励孩子成为一个灵魂自由奔放的读者，纵然现实生活有种种局限，也可以心怀超越生活的梦想。所以，书绝不是客厅或书房的装饰品，而是点燃孩子梦想的火把。除了描述具体生活场景的书籍，家长还可以给孩子读一些诗词类的书籍，丰富孩子的想象力，培养孩子心中的"诗与远方"。

彤彤今年7岁，特别爱看电视。她学习成绩一般，尤其语文成绩排班里中下游。妈妈经常唠叨孩子应该少看电视多读书，但彤彤置若罔闻，没有任何行动。妈妈听说《中国诗词大会》节目很火，掀起了一股学习诗词的热潮。于是，妈妈有一次趁彤彤不注意把电视调到了

《中国诗词大会》这个节目。没想到，节目中的"飞花令"和"擂主争霸赛"，很有意思。彤彤仔细问妈妈这个节目的比赛规则，看着选手摇头晃脑地念诗词，觉得非常有趣。妈妈还告诉彤彤："百人团中还有年龄才7岁的选手跟彤彤一样大。"自此之后，《中国诗词大会》的每一期节目，彤彤和妈妈都会去看。

彤彤慢慢地开始对诗词产生了兴趣。于是妈妈就给彤彤买了一套《唐诗三百首》绘本，看完节目后和孩子一起查阅里面的诗句，一起读一起品味。几个月下来，彤彤居然熟悉了不少诗词，而且对语文课也越来越有兴趣。

 树立内心的梦想

梦想会形成内在动力，激励孩子不断钻研和探索，到那时候电子设备就不会再成为学习的障碍，而是成为实现梦想的一种工具。家长首先要做的就是要鼓励孩子表达自己的梦想，不要取笑孩子。可以和孩子一起读绘本《莎娜想要演马戏》。这本书非常贴近孩子的童真世界，主人翁莎娜有个梦想，想成为伟大的马戏演员。莎娜自以为对于马戏团表演自己样样拿手，能扮空中飞人翻跟头、驯狮子钻圈、演小丑逗大家哈哈笑。她并不害怕受到别人的嘲笑和拒绝，而是勇于表达自己真实的梦想。当她得知马戏团真的来了，莎娜以超强的行动力，勇敢地踏上了追逐梦想的旅程。虽然她的马戏团之旅一点都不顺利，最终未能梦想成真，但是她身上展现了宝贵的品质，就是不会顾虑太多现实的局限，勇敢地表达自己的梦想。

孩子往往拥有充满童真的梦想，但他们在遇到困难后会产生强大的挫败感，在梦想与现实的碰撞中，容易出现"玻璃心"，转而沉迷电子游戏或看动画片，梦想和现实就离得更加遥远。所以，家长可以利用亲子共读的机会，让孩子理解实现梦想的过程可能充满荆棘，鼓励孩子坚持梦想，不要害怕阻挠。

当孩子的梦想受挫时，家长也会觉得痛苦、挫败和自责。但是，体验失败是生命成长过程中无法绕开的。所有的荆棘孩子都要自己穿行，所有的弯道孩子都要自己尝试。家长无法代替，也无法提供捷径。家长能够做的就是，在孩子还小的时候教会他在困境中坚持梦想，在逆境中微笑。通过日复一日的亲子共读，帮助孩子一点一滴地积累着积极的生活态度。

迪迪最近沉迷于看《汽车总动员》的动画片，爸爸不想让他看太久，就借着迪迪对汽车的兴趣，给他买了一本名为《别让鸽子开巴士》的绘本。迪迪听爸爸读完之后，每天嘴里无数次地重复书中的情节，并且很好奇开巴士车的技术要领。爸爸每晚耐心地给他一边读这本书一边讲解如何开巴士。从此，"我也要开巴士"成为迪迪的口头禅。一天深夜，迪迪还说起梦话："我要开巴士呀！"有心的爸爸听到这清晰、诚恳的梦话，马上起床打开电脑，在网上买了一辆孩子能开的电瓶小汽车。

当迪迪看到小汽车时，脸上的惊喜表情是爸爸妈妈难以忘怀的。迪迪迫不及待地坐到车里，在客厅里"开巴士"。可第二天早晨，爸爸还在厨房做早餐时，就听见迪迪大哭起来，赶紧跑去一看：迪迪不小心按到了快速档，车猛地往前一冲，把他吓哭了。爸爸赶紧抱起孩子，不停地安抚。迪迪嘴里却说："爸爸，不要小汽车，快拿走！"

晚上爸爸和迪迪一起看了姐姐的《大脚丫跳芭蕾》这本书。这是正在学跳芭蕾的姐姐非常喜欢的绘本。故事中的贝琳达也喜欢跳舞，每天都去舞蹈学校认真练舞。可当她面试时，评审委员觉得她脚的尺寸不符合主流标准，不允许她继续表演。跳舞梦想破灭，贝琳达很难过，但她没有因此沉沦。最后她在餐厅做服务生，仍然认真工作，积极展现自己优势（动作轻快，脚步灵巧），获得客人和老板的认同。即使没有机会表演，她仍保持追梦的心，在餐厅听到音乐就不自觉地跳起舞来。后来，她获得了机会，老板让她给客人跳舞。她终于遇到了赏识她的伯乐，还被邀请去大剧院正式表演。她获得了观众的赞赏。她脚的尺寸不再成为实现梦想的拦路虎，评委曾经的评语也不再成为阻碍。

读完这个故事，爸爸对迪迪说："爸爸知道你的梦想是开巴士。这真是一个很好的梦想，所以爸爸妈妈给你买了一辆小汽车。虽然今天我们遇到了困难，但是迪迪不要放弃，爸爸和你一起好好练习车技。"迪迪听了点点头。后来，迪迪经常和爸爸拖着新买的小汽车，到小区的空地里练习"开巴士"。

 鼓励追求梦想

很多孩子常常感到无聊，迷茫，沉迷网络，可能他们还没有找到自己真正想做的事情，还没有树立梦想。家长可以在孩子小时候就通过亲子共读帮助孩子寻找梦想，并鼓励他执着地追求。只有做自己真正想做的事情，人生才有意义，也才能体会到更丰盈的快乐。

正如绘本《花婆婆》中的爱丽丝，她爱好读书，书里讲述着很远的地方发生的故事。长大之后，她离开家乡，去了很远的地方旅行。后来她在海边找了个房子住下来。住在海边让她远离现代化的繁华和喧嚣，也让她能够更好地自省人生。她最后一个梦想，是让世界变得更美丽。在她思考怎么样才能让世界变得更美的过程中，她从关注个人的成长，升华到如何美化他人的生活。在电子技术高度发达的今天，现代人在依赖电子设备过上便捷生活的同时，也缺失了思考自己梦想的闲暇时光。而亲子共读无疑是家长和孩子摆脱电子媒体的干扰，回归宁静，思考人生的最好方式。

05 建立亲子契约

 制定亲子契约

孩子终归是孩子，在生理和心理上的发育还不完善，所以家长还是需要监管孩子使用电子产品的情况。如果孩子已经对电子产品产生强烈的依赖，那么单纯依靠孩子的自制力，恐怕很难改变沉迷电子产品的习惯。家长直接没收或生气吼骂，甚至是暴打一顿，都是治标不治本的做法。而且，如果家长猛然禁止孩子接触任何电子产品，有可能会让孩子产生"戒断反应"，会带来身体和心理上的不适。家长应该更主动、积极地参与到孩子的行为改变过程中。

家长可以和孩子制定契约，结合奖励和惩罚的方式，引导孩子从沉迷电子设备，转为热爱阅读图书。这种"亲子契约"易于家长操作，便于实施，可以营造温暖的家庭氛围，促进亲子沟通，改变孩子的行为。亲子契约是一份具体的书面协定，明确规定了孩子（也可以包括家长）在特定的情境中需要做出的行为，以及具体的奖励和惩罚措施。这是矫正孩子行为的一种有效方法，可以用来帮助孩子调整使用电子产品的行为，形成阅读习惯。

家长应该通过和孩子交流，或通过询问老师、朋友，找到孩子喜欢的奖品，比如旅游、零花钱等。然后家长和孩子一起确定目标行为，比如减少网游时间，比如每天少于一小时。家长再确定观测目标行为的方法和奖惩方案。最后，父母可以和孩子一起确认签字，这份亲子契约就生效了。亲子之间还可以讨论契约的有效期。

亲子契约有两种不同的形式：第一种叫作**"后效契约"**，即亲子之间达成协议，如果孩子不能达到某个目标行为，就失去一件珍贵的东西。比如，孩子玩一次电子游戏，就会失去晚上吃巧克力的机会。或者孩子和家长看完一本书，就奖励他饭后吃一个小蛋糕。即时的奖励或惩罚有时候比较难实施，所以家长可以使用一周作为一个时段，如果孩子一周内达到某个目标行为，就可以获得奖励。第二种叫作**"储蓄契约"**，指孩子先把一些能够激励自己的奖品押在家长那里，当孩子完成目标时，孩子才能取回这个奖品。比如，孩子把自己喜欢的汽车模型先押在家长的抽屉里，当孩子五个工作日都没有玩 iPad 并且坚持阅读了，孩子就可以取回汽车模型。

小彪今年六岁，是家中独子。父母做生意很忙，较少在家，小彪从小由保姆照顾长大。保姆只负责他的吃喝拉撒和接送他上下学，通常不让小彪放学后在户外玩，怕发生意外要担责任。保姆做完家务就只顾刷手机，不太管小彪。家里的电视一般都是开着的，小彪每天都看超过三个小时的电视。

后来幼儿园老师告诉小彪妈妈，小彪在幼儿园上课时有点坐不住，很难专注地完成给他的小任务。老师建议妈妈要严格控制他在家看电视的时间，还要鼓励他多阅读，提高专注力。妈妈知道他想要更多的乐高积木，还想去迪士尼玩。于是，妈妈就跟他制定了一份亲子契约：小彪如果每天看电视累积超过一个小时，那么妈妈就从小彪零用钱里扣除 10 元；如果他每周看电视不超过 10 小时，周末妈妈就带他去买一盒乐高玩具；如果他连续一个月都每天看两本图书，暑假妈妈就带他去迪士尼。自从小彪和妈妈签订了契约，他看电视的时间大大减少，阅读的时间明显增多了。

 发挥榜样的作用

亲子契约最好同时约定亲子双方的行为，这样家长通过亲子契约来约束孩子时，孩子就会更加心悦诚服，亲子契约也会更加有效。2019 年的"新媒体时代家庭媒介素养认知现状调查"考察了北京市初中生及其家长使用手机、平板电脑、手提电脑、台式电脑等电子设备的情况。这项调查报告显示，超过一半的受访孩子每天使用手机或平板电脑上网的时间是 30～60 分钟，而有 7.6% 的受访父母每天使用这些电子设备的时间超过了 6 小时。虽然这项研究未调查低龄段孩子，但是可以想象，很多家庭里的父母都是手里捧着手机或者平板，嘴上却督促着孩子"要读书学习，不要玩游戏"。家长应该起到榜样作用，和孩子一起减少使用电子设备的时间，提高亲子陪伴的质量，比如安排更多亲子共读。

1～3 岁的孩子尤其喜欢模仿家长的行为。如果家长能够在儿童早期让孩子对电子设备建立良好的认知，那么孩子在后期就不容易沉迷电子设备。同时家长尽量不要在孩子面前玩手机，等孩子上床睡觉后再开电视机。家长手机中不要下载游戏，以防孩子因游戏上瘾而索要手机玩。如果孩子对手机好奇，家长可向孩子示范打电话、发语音、拍照等功能，建立孩子对手机、iPad 等电子设备用途的正确认知。

对于 4～7 岁的孩子，家长也应尽量少让孩子接触手机游戏，控制孩子看电视和玩 iPad 的时间，每天的屏幕时间不要超过 1 小时。父母应该在手机上删除游戏、音乐、视频等各类会吸引孩子的应用程序。即便孩子想要玩手机，当他发现只能翻翻相册、拍拍照，也就不会觉得有趣，自然不会一直缠着父母要手机玩。在没有使用电子设备的时候，家长可以主动地与孩子互动，借助各种类型的图书增强孩子对书的兴趣，培养孩子的阅读习惯。

六岁多的康康在最近一次小学入学面试中表现一般，虽然他通过地段生的身份可以入学就读，但是妈妈担心康康在小学会不适应，开始反思对康康的教育。爸爸下班回家，除了吃饭、睡觉和上厕所，基本都待在自己房间里上网，丝毫没有陪伴康康的意识。康康只好找妈妈读绘本。但是妈妈要忙家务，没有时间陪他阅读。他心情很失落，一个人哭起来。妈妈看见了，觉得问题比较严重。于是，妈妈觉得要和爸爸好好沟通一下。

正好父亲节到了，妈妈给爸爸送了一条领带，另外还让康康送给爸爸一本绘本，名为《企鹅爸爸爱上网》。爸爸接过康康送给他的书翻阅起来。故事中的企鹅爸爸沉迷上网，经常不由自主地就打开电脑，看看这个，浏览下那个，时间很快就过去了。小企鹅感叹道："我只有一个虚拟的爸爸。"

看完这本绘本，爸爸难为情地摸摸康康的头说："孩子，我也想多陪你玩，请给我时间慢慢改正。"于是，爸爸妈妈一起和康康制定了亲子契约：康康醒着的时候，爸爸妈妈都不玩手机，不上网。到周末的时候，才可以稍微玩一小时。三个人互相监督，爸爸为了能成为孩子的好榜样，下定决心一定要少上网。

实际上，当家长忍不住打开电视或者下意识地掏出手机时，坐在身边的孩子也会像"小企鹅"一样,渴望父母的陪伴,却求之不得。家长应该反省自己是否在孩子身边过多地使用电子设备。给孩子高质量的陪伴,才是最重要、最真实的爱。正如绘本《和爸爸一起读书》所描述的一对父女:女儿从小时候开始,每晚睡觉前都会和爸爸一起读一本书。父女一起坐在舒适的沙发上,或者温馨的壁炉旁,或者是幽静的星空下读书。随着年龄增长,阅读的主题也发生了改变,父女之间的距离也越来越远。但那个舒适的沙发一直陪伴着他们,亲子共读从未停止。后来,女儿长大成人,成为一个母亲。她继承了亲子共读这个传统,也和孩子坐在那个舒服的旧沙发上,一起看书。感谢亲子共读,让书成为孩子一生的朋友,也让亲子陪伴成为美好的记忆。

除了亲子共读,家长也要让孩子亲眼看到家长把阅读当作一种休闲方式,可以与孩子分享自己的阅读热情。家长以身作则,点燃孩子对阅读的热情。如果家长正在阅读一本电子书,一定要让孩子知道这是在读书,而不是查收电子邮件或者浏览网页。

 共同协商规则

家长和孩子制定亲子契约时,应该给予孩子明晰的指示和鼓舞士气的话语。家长既坚持原则又提供关爱,才能成为孩子心中的权威,才能有效地减少孩子网络成瘾的可能性。家长应该明白,亲子契约的目标是减少孩子使用电子产品的时间,在和孩子协商的时候,要尊重孩子的感受,掌握沟通技巧,坚持原则的同时讲究表达方式。

如果家长无法给孩子提供关爱,只给孩子下命令,要求孩子无条件服从,或用体罚而非沟通的方式操控孩子,孩子网络成瘾的风险反而比较大。比如家长希望孩子能够先读书,不要命令他"现在立刻去看书",而是说:"我知道这个游戏很好玩,但你最好先看一会书。我看着你玩完这一局,我们就一起读书吧。"

如果家长纵容迁就孩子,无法给孩子立规矩,那么孩子最后网络成瘾的可能性也比较大。家长应该坚持原则,并与孩子协商玩手机的时长、次数。一旦孩子违反这些必须遵守的规则,可以把承担家务作为责罚手段。家长要试着理解孩子的感受和立场,允许孩子出现顶嘴、哭闹等不满情绪。家长让孩子释放了自己的情绪之后,仍然要温和而坚定地坚持自己的原则。

第七章

通过亲子共读解决孩子太乖、缺乏个性的问题

—

在《玛丽太乖了》这本绘本里,主人公玛丽总是有礼貌但小声地对人说"请""谢谢""不客气""对不起"。有一天,玛丽要给弟弟买生日礼物,她来到一家非常拥挤的玩具店。为了不错过最合适的礼物,很乖、很有礼貌的玛丽可能需要用大一点儿的声音跟售货员讲话。但是,她不敢大声说出自己想讲的话。玛丽太乖了,甚至不敢大声说话。

有很多小朋友甚至大人在公共场所也不敢表达自己的想法,过于顺从而不能自在地生活。针对孩子太乖、缺乏个性的问题,家长可以借助亲子共读,给孩子提供展现自我的空间,让孩子展示自己的独特个性,引导孩子在服从权威和展现自我之间取得平衡。早期阅读是培养孩子个性的好渠道,结合书本中的自然教育、艺术教育等,培养孩子的想象力和表达能力,减少孩子的挫败感,激发孩子说出内心真实的想法。

01 结合自然教育的阅读

 感受大自然的力量

著名导演王家卫说:"人的一生是见天地、见众生、见自己的过程。"家长希望孩子与众不同,就需要陪伴孩子先"见天地",让孩子认识天地之间的大自然。亲近大自然能够启发孩子突破以自我为中心的认知局限。大自然的广阔天地还能激发孩子探究世界的惊奇之心。大自然的神奇力量,也会教给孩子什么时候应该坚持,什么时候应该忍让。

六岁的敏敏参加电视台的故事大王表演,在台上举手投足从容淡定,毫不怯场和拘谨,由内而外地展示出自信的个性。她的父母曾分享过他们家的一个传统活动:为了探究自然的奥秘,他们每到节气那天就带着工具,去水库区的一个固定地点,观测气温、水温、植物、动物等。这样的气象观测,他们连续坚持了五年,风雨无阻。家长的坚持,使孩子对大自然充满了热爱。大自然也开阔了敏敏的眼界,锻炼了她的意志。当他们往返于山林草木之间,敏敏有时会提出家长也

第七章　通过亲子共读解决孩子太乖、缺乏个性的问题

无法解答的问题，他们就一起查阅《本草纲目：少儿彩绘版》，敏敏从小就接触到《本草纲目》这部被称为"古代中国的百科全书"的经典博物学巨著。

自然探索激发了孩子的好奇心，家长又巧妙地引导孩子进行阅读，让孩子把书本知识和自然观察相结合，启发探索精神，培养学习兴趣。比如，绘本《根娃娃》就以树根为线索，结合动植物和气象规律，用朴实的色彩描绘了一年四季的变化。每一幅画都反映了插画家对大自然的深刻观察和纯净的精神世界。又比如，绘本《小牛的春天》也是描绘自然的经典作品。作者五味太郎以稚气十足的小牛为线索，描绘了气象万千的四季景色。家长可以借助这些描述自然的绘本，引导孩子观察自然现象，让孩子拥有一双发现天地之美的慧眼，进而发现自我的价值所在。

 增强面对挑战的勇气

接近大自然的过程是充满挑战的。有时候需要跋山涉水，有时候需要顶着严寒酷暑。孩子小小年纪，家长可能有些舍不得。但是，与自然的亲近，将赋予孩子广阔的视野，造就孩子坚韧的个性。著名诗人杜甫的诗歌《望岳》里有句脍炙人口的诗："会当凌绝顶，一览众山小"，就表达了诗人无畏困难、敢攀顶峰、俯视一切的雄心和气概，以及卓然独立、兼济天下的豪情壮志。无独有偶，绘本《菲菲生气了——非常、非常的生气》也描述了大自然对人情感的安抚作用。当主人公菲菲和家人发生冲突、情绪激动时，她自己来到大自然的怀抱。"她看看石头，看看大树，又看看羊齿草。她听见了鸟叫。"她激动的情绪得到了平复。当她爬到老榆树上，视野变得更加开阔，"她感觉到微风轻吹着头发，

她看着流水和浪花。这个广大的世界安慰了她"。

通过亲子共读,家长足不出户就可以带领孩子品味大自然的喜怒哀乐。比如,家长可以和孩子们一起阅读有关小动物生老病死的故事,让孩子理解**生命的价值**。有一本叫《断嘴鸟》的绘本,讲述了一只小麻雀生活在公园里一棵参天大树上。它本来飞翔姿态优美,抢食动作迅速。可有一天鸟喙竟然断裂了,从此无法正常啄食,身体逐渐虚弱。其他麻雀纷纷离他而去,不愿意帮助这只鸟。只有一位蓬头垢面的流浪汉,他"低下头,看着断嘴的小麻雀悲伤又饥饿,正用渴望的眼神看着他",流浪汉给小麻雀分享了仅有的面包,从此他们相互扶持,相互慰藉。孩子读完这本书,可以了解到动物身体残缺所带来的无助感,以及人和动物之间相知相惜的和谐关系。通过阅读,孩子能够认识自然中的阴晴圆缺,了解天地间的悲欢离合。父母在亲子共读中的温情,能留在孩子心中的某个角落,当孩子在日后人生中感到疲惫无力时,或者当孩子遭逢痛苦和绝望时,或许会回想起这些温暖的时刻,回味亲子共读中的沁人芳香。

城市生活喧嚣忙碌,家长可以引导孩子回归田园,带领孩子到菜园或者果园去,学习植物、动物、季节、气候、环境与生态的相关知识。家长和孩子还可以一起尝试耕作,体验人类在地球上最基本的生产活动。有一本叫《一园青菜成了精》的中国本土原创绘本,语言幽默,朗朗上口。每种蔬菜都被描写得形态逼真,充满个性。蔬菜的形态特征被写成是用来战斗的武器,十分生动有趣。比如描写莲藕时,不是介绍莲藕生长于湿泥里,而是把她描写成了逃跑不及的败军之将,糊里糊涂、慌不择路地钻进了烂泥坑。如果家长能够结合田园劳作来读这个绘本,孩子就能更深刻地观察植物,喜爱每个植物的灵动个性,不再挑食偏食。

第七章 通过亲子共读解决孩子太乖、缺乏个性的问题

 以自然为友

非洲部落有一句谚语,"培养孩子需要一个村庄"。一个村庄不但提供人际的互助与交往,还提供人**与自然亲密接触**的机会。但生活在城市里的父母常感到无奈,总觉得除了假期外出旅行,平常很难让孩子接触到大自然。其实亲近自然没有那么难,《汤米成长记——飞奔的汤米》这本绘本就讲述了城市家长如何在有限条件下培养孩子与自然的亲近感。故事中的妈妈要送汤米去外婆家待一会,好去办些事情。妈妈选择了自行车这一交通工具,她一边骑车一边和孩子聊天。在自行车上,汤米不像坐小汽车那样待在封闭的空间里,所以可以感受"自行车碾过石子路,发出沙沙的响声",也可以听到公园里鸟儿动听的歌声。当穿过公园之后,他们面对着拥挤的马路,还有许多汽车嘈杂的噪声和呛鼻的废气。妈妈这时做了一个明智的决定,"把自行车拐进了一条安静的小路上",他们终于"可以好好呼吸了",而且还可以带着轻松的心情欣赏美丽的天空和空中的乌鸦。读完这个绘本,家长和孩子发现城市生活里其实也充满了自然的元素,只要用心发现,一定能找到自然的乐趣。

一年暑假,妈妈带三岁的东东回农村老家。虽然妈妈多年没回去,但脑海里常浮现老家青山绿水的画面,一直希望在暑假带孩子,投入大自然的怀抱。妈妈原本想让东东在外公家的大院子里撒个欢儿,希望让孩子趁假期多接触大自然。没想到,东东一到外公家,就被蚊子咬了一腿的蚊子包,奇痒无比。东东很不开心,想要赶紧回到城里的家。让妈妈更失望的是,附近已经开始城镇化改造,心向往之的大自然已被工地所占领,农村往日的青山绿水已不复存在。

就在去留举棋不定时，妈妈突然想起行李箱里有刚买的绘本《别了，欢河谷》，妈妈决定给东东讲讲大自然的变迁。这本书画风清新，对比了城市化前后的自然风貌。往日的欢河谷，曾经是一片群山环绕的低洼山谷，小朋友在河里钓鱼，在平地上野餐，在麦场玩捉迷藏，夜晚在大树下睡觉。孩子们一起上学，一起玩耍，无忧无虑，完全是一幅安宁祥和、暖意融融的画面。但是后来，工业化、采矿、城镇化，使得古朴的村庄不复存在了。听完这个故事后，东东对妈妈说："我不想一直待在钢筋水泥的高楼大厦里。"妈妈点点头说："所以我们既然来到了老家这里，就好好地体验一下不同的生活，好吗？"

于是，东东和妈妈在农村里耐心品味，寻找尚未被改造的自然气息，发现村民在自留地里种蔬菜和果树，还有自养的走地鸡。让东东最开心的是，他可以邀请邻居小朋友聚集在外公的大院里玩耍，白天一起挖土豆、抓蚯蚓、赶麻雀，晚上一起捉萤火虫，晴天时和小朋友一起看彩虹，下雨时一起看乌云和雨花。东东度过了一个难忘的暑假。

家长让孩子接触到大自然的同时，也要引导孩子保护自然。在保护自然的过程中，孩子体会到作为个体的主观能动性，年纪虽小也能为环保事业出一份力。培养孩子的环保意识，家长可以从《小猪佩奇——快乐环保》开始。《小猪佩奇》系列以其色彩鲜艳的画面，鲜明的人物个性，温暖和谐的情节，风靡全球。其中《快乐环保》这本绘本，引导孩子从听觉、视觉、动觉等途径理解环保回收的内涵。收垃圾的牛先生和回收废品的兔小姐充满了幽默感。年龄大点的孩子可以读《再见，小树林》这本绘本，它不仅讲述了人类与大自然相处的奥秘，还丰富了孩子对于社会发展现状的理解，传递环保的理念。

家长和孩子选择阅读场所时,可以尝试突破地点的限制,带孩子到公园的小亭子里,或者和孩子到大树底下,铺上野餐垫,在鸟语花香中惬意地读书。如果天气不好,只能待在室内读书,也可以选择在能看到室外自然风景的窗边读书。现代作家钱钟书就曾对"窗户"有以下深刻的感悟:"窗子打通了大自然和人的隔膜,把风和太阳逗引进来,使屋子里也关着一部分春天。"田园诗人陶渊明对于窗子也情有独钟,他在《归去来辞》里写道:"倚南窗以寄傲,审容膝之易安。"意思是只要有窗可以凭眺,就是小屋子也住得舒适。所以,家长应该选择亲近自然的场所进行亲子共读,让大自然融入孩子的学习和成长中。比如,家长在床边铺上草绿色的舒服地毯,搭配上嫩绿色的大叶子床蓬,以及可爱的动物造型靠垫,让孩子坐在叶子下面看书,窗外的风徐徐吹来,孩子仿佛置身于大自然中阅读。

总之,亲子共读并不是培养"宅男"或者"宅女"。家长应该把阅读和自然教育相结合。大自然就是老师,花鸟鱼虫、风雨雷电、山川河流、声光电热,所有这一切都是孩子的教材。通过自然教育,儿童早期阅读有了更丰富的素材,孩子也能从中领会到大自然与自己的节奏,理解生命的神圣意义,形成自己的独特个性,造就"天人合一"的人生格局。

02 用阅读提高想象力

 孩子天生热爱想象

很多父母都认同孩子不应读死书,希望提升孩子的核心素养。在多项核心素养中,最容易被忽略的就是想象力。有些家长觉得想象力过于虚无缥缈，难以量化和评价。但爱因斯坦却有一句名言："想象力比知识更重要，因为知识是有限的，而想象力概括着世界上的一切，推动人类进步。"诚然，人类的许多伟大创造都得益于想象力。家长应趁着孩子的思维未被束缚，从小培养孩子的想象力。

绘本是培养孩子想象力的一种有效工具。很多优秀绘本家的作品都充满着奇思妙想，符合孩子异想天开的个性。比如，日本画家佐佐木洋子画的很多绘本都成功地捕获了小朋友的欢心。故事里没有复杂的道理，却充满想象，富有童趣。比如，她的《鼹鼠爸爸的鼾声》就讲述了这样一个故事：鼹鼠宝宝希望爸爸能陪他们玩，但是鼹鼠爸爸每天总是很忙、很累。当他帮森林里过冬的动物们造好房子回家后，因为太累而睡着了，就连答应宝贝们一起玩火车的诺言都没能兑现。鼹鼠宝宝拔爸爸的胡子，挠爸爸的脚心，使劲地吹喇叭，爸爸的鼾声依然震天响。这是一个多么现实而熟悉的场景。很多父母都面临相似的困境，虽然深知"陪伴是最长情的告白"，但无奈工作太忙无法陪伴孩子。这个故事没有停留在现实主义的描写上，而是留下丰富的想象空间：即使鼹鼠爸爸睡着了，也不影响鼹鼠宝宝跟爸爸一起高兴地玩耍。现在鼹鼠爸爸的卧铺车开起来了。鼹鼠宝宝坐在爸爸的大肚子上骑马、抓头发、挠脚心、捏鼻子、扒眼睛，给睡梦中的爸爸化妆，在爸爸鼾声如雷的陪伴下一起开火车。家长可以在共读时引导孩子想象，这些场景是孩子很有同感并且可以想象的，表达了孩子渴望家长陪伴的心声。

 避免过度强调细节

想象力是人在已有形象的基础上，在头脑里创造出新形象的能力。孩子所观察到的细节，将会成为他们以后想象的素材。在亲子共读中，家长可以做一些小游戏来培养孩子对细节的洞察力。比如，给孩子读完一本书后，可以合上书，问孩子有关书中插图的某个重要细节，耐心听完孩子的回答后，和孩子一起翻开书看实际细节是如何描绘的，两者有什么差别，孩子也会因此注意到一些被忽略的东西。但是，训练孩子洞察力的时候，家长需要把握分寸，不能过度强调细节。

一位奶奶给四岁的孙子读绘本，她一心想让孙子认识书上的字，一边逐字逐句地念故事，一边用手指点着书上的每个字，并且经常中断故事，提示孩子应该如何记住那些字的结构。孙子刚开始还饶有兴致地听故事，但由于奶奶对字的细节过度关注，孙子就开始越来越坐不住，东张西望，不想再看书。其实，识字并不一定要和阅读绑定在一起。过度强调书上的文字细节，可能会干扰孩子理解故事情节，削弱亲子共读的乐趣。家长如果真的希望启发孩子去关注汉字的细节，可以和孩子一起研究一下图画字卡，让孩子想象不同文字所讲述的画面，进而加深对文字的理解和记忆。

阅读的束缚过多，会阻碍孩子天马行空的想象。很多家长在给孩子买礼物时喜欢选择做工精致的高仿真玩具。但是，从培养孩子想象力的角度看，这些高仿真玩具并不是最佳选择，因为这些玩具的仿真细节造成了太多现实束缚，让孩子失去了想象的空间。比如，市场上火爆且价格不菲的芭比娃娃，五官、脸型、身型都是标准化的，均按社会对"美女"的严苛标准进行设计。即便是表情，也统一是标准的微笑。孩子在玩芭比娃娃时，束缚于真实细节，很难去想象这个娃娃有不同的情绪状态或者身体状态。其实，一些比较简朴的玩具反而给孩子留下更多的想象空间。比如以前小朋友常玩的"布娃娃",是以布料为材质,手工缝制,没有拘泥五官,表情空白,但孩子玩起来很有兴致,可以任意发挥,可以想象布娃娃是在流泪还是在生气,是残疾人或是独眼龙,是医生还是女巫。想象的野马可以肆意狂奔,有无限的可能,不局限于玩具本身。同理,家长在给孩子选择书籍的时候,要避免选择过于写实的书。比如,贴纸书就无法给孩子提供充分想象的空间,让孩子难于突破现实的禁锢。

 突破想象的边界

想象力的激发需要一定的限制条件作为基础。当年乔布斯对iPhone的设计提出了一个限制条件——新款手机只能有一个按键。当时大多数手机都至少有四五个按键,设计师感到很彷徨。经过一番努力后,设计师请示乔布斯能否有两个按键,乔布斯不同意,坚持只能有一个按键。这个严苛的限制条件,反而激发了设计师的想象力和创造力,迫使设计师打破束缚,设计出非常新颖的iPhone。家长以前可能都曾使用过随身听,那是一代人青春的记忆。当时索尼创始人同样给设计师提出一个严苛的限制条件:这个播音设备的尺寸不能超过巴掌大的木块。面对这个限制条件,设计师只能打破束缚,去掉当时普通随身听都有的录音功能和扬声器,并配以立体声电路和立体声耳机,设计出更便携的设备,使得人们可以一边走路一边听歌剧,完全突破了想象的边界。

新颖的限制条件能触发创意,这也体现在童书的创作中。《小黄和小蓝》是一本非常富有想象力的绘本。讲述了小蓝和小黄是一对好朋友,一起游戏,一起上课,然后小蓝和小黄融合在一起变成了"绿"的故事。这是著名画家李欧·李奥尼的第一本绘本,作者也在一定限制条件下,打破束缚,形成了独特的童趣和深意。他当时在美国的广告设计界已经功成名就,后来他选择告别这种看得见未来的生活,回到了深爱的意大利。在坐火车旅行时,他整个人处于放空的状态,随手从杂志上撕下几个色块为自己的孙子、孙女讲故事。因为火车上资源条件有限,这些色块是随手撕来的,形状不规则,边界欠规整,而且这些色块所代表的角色并没有精致的五官或者华丽的衣服。但出乎意料,孩子们对这个故事非常着迷。这个故事就是他后来出版的《小黄和小蓝》,这本书成为《纽约时报》年度最佳图画书。火车上受限制的创作条件,反而激发了他流淌而出的想象力,成就了神奇之作。家长引导孩子多读此类绘本,能激发孩子的想象力,提升孩子的创造力和表现力。

 训练联想能力

家长在培养孩子想象力时,可以从训练孩子的联想能力着手。比如,家长和孩子看完《北北的云朵小车》这一绘本,了解到北北是如何把云朵做成一辆云朵小车然后去帮助小动物们的。家长就可以问孩子:"假如你也有一些不寻常的云朵,你想把云朵捏成什么东西?"家长还可以带孩子去看看天空上的白云,引导孩子根据白云的样子,联想不同的物品,想象自己如何创造出"云朵城堡""云朵滑梯""云朵草莓"等,引导孩子想象这些云朵造型会发生什么有趣的故事。

进行联想训练时,家长要控制住自己进行评判的欲望,不能批评孩子,不要做出"好无聊"或者"不合理"的评论。如果孩子只回答出一种可能性,家长可以继续追问是否还有其他不同的可能性,鼓励孩子打开想象的缰绳,尽情驰骋。还可以鼓励孩子想想,在日常生活中与书中实物相近、相似的事物有哪些，能否找到代用品，以便产生更佳效果。鼓励孩子时常思索诸如此类的问题。丰富的联想，可以提高想象力，帮助孩子阅读时更深入地理解故事。

有一天晚上，鹿鹿和妈妈读完了两个绘本故事，时间尚早，意犹未尽。妈妈提议玩一个新游戏：每人分别从两本书中选择一个物品出来，然后她俩再把选出来的物品组合起来，创造出一个新的故事。第一次玩这个游戏，鹿鹿还不知道怎么玩。于是妈妈先做示范。

妈妈从刚读完的《小石狮》里选了充满中国民俗风味的"小石狮"，又邀请鹿鹿从《爱探险的朵拉——冬季运动会》中选出一个她喜欢的物品。鹿鹿说："那就选滑雪板吧。"然后妈妈先示范如何把小石狮和滑雪板组合为一个新小故事，她说："有一天，人们几乎都把村里的小石狮给忘记了，但小女孩不想忘记小石狮，就在自己的滑雪板上画了一个小石狮，让小石狮陪她一起滑雪。"鹿鹿听了捧腹大笑，也编了一个故事："有一天，阳光明媚，小石狮觉得太阳太晒了，就借了小女孩的滑雪板当太阳帽。"妈妈觉得很有意思，便哈哈大笑。

母女俩玩得不亦乐乎，发现了在小石狮和滑雪板之间，竟然存在很多的可能性。这个有趣的亲子游戏突破了两人想象的边界。

03 进行艺术启蒙

 孩子懂艺术吗？

个性的塑造，离不开艺术教育，但一些家长以为艺术是特别高雅和高深的事，认为自己没有艺术背景，没本事"教"孩子艺术。米菲

第七章 通过亲子共读解决孩子太乖、缺乏个性的问题

绘本系列之《米菲在美术馆》描述了家长对于艺术教育的类似误解。兔妈妈说:"我要去美术馆看展览。"好奇的米菲也要跟着一起去,但兔爸爸质疑说:"只是米菲还太小……"爸爸言下之意是米菲年龄尚小,可能还不理解美术馆里的艺术作品。米菲反问道:"太小?"坚持说:"才不呢,我的个头大又高!"在美术馆,米菲以独特的视角欣赏美术馆里的作品。当爸爸妈妈说"该回家了",她依依不舍地说:"美术馆真的很有趣,我很高兴今天能来看展览。"看完展览,米菲还树立了"我也要当大画家"的梦想。这本经典绘本,以儿童能够理解的语言,带领孩子领略艺术的价值。

艺术本是人性中不可或缺的一部分。艺术教育是塑造孩子个性的重要手段。德国现代艺术家鲍伊斯曾说:"人人都是艺术家。"艺术教育可能从胎儿期就开始了。宝宝还没有出生时,有些家长就给他们听类似于莫扎特摇篮曲的古典音乐。孩子出生后,家长也热衷于给孩子报音乐、绘画等艺术班。但除了给孩子报艺术班外,很多家长不知道还能如何给孩子提供艺术启蒙。

进行艺术启蒙,最简便的方式就是和孩子一起阅读艺术启蒙书籍,比如绘本中的图画就是很好的艺术启蒙素材。与一般的插画书不同,绘本里的图画不是文字的附庸,而是绘本的生命。如果遮住图画,单看绘本里的文字,故事就不完整,甚至可能失去了灵魂。通过不同绘画风格的绘本,引导孩子学习美术鉴赏,接受艺术教育,培养美好品质以及完善人格。

 发现美好的事物

美好是一种感受,有时是难以捕捉的。儿童绘本往往可以将美好具象化,如《我妈妈》和《猜猜我有多爱你》,通过生动画面,展示

孩子可感知的母爱表达方式。在这里推荐一本母爱主题的绘本"儿童音乐之旅"系列之《世界上最美的儿童歌曲绘本》。它是由法国著名的少儿出版社组织众多重量级插画家和音乐家打造的音乐启蒙绘本，附带光盘里面精选了多首世界重要文明发源地经久传唱的经典儿童歌曲。歌曲以当地的传统乐器配乐，以当地语言演唱，可谓原汁原味。优美的旋律娓娓诉说着全世界的母亲都熟悉的安抚孩子的旋律。这些温暖的旋律会一直镌刻在孩子的心中，陪伴孩子成长。书中图画描绘了不同文化里的母亲怀抱孩子的神态，虽然她们的肤色、民族、衣着以及所处场景不同，但是母亲的神态都饱含深情。这本书给孩子带来一场视听盛宴，一场爱与美的洗礼。家长可以和孩子一起听听世界各地妈妈给孩子哼唱的摇篮曲，感受世界各地妈妈怀抱着孩子时的温暖，孩子定能领略到艺术的魅力，学会发现美和感受美。

　　三岁的菁菁最喜欢的颜色是绿色，这可能归因于菁菁出生后一直生活在古木参天的大学校园里，每天家人推着她在林荫路上或者绿草地旁散步。妈妈尊重孩子的偏好，常常给菁菁选绿色的礼物，如绿色的裙子、绿色的蛋糕。

　　有一天，妈妈喜出望外地找到了一本名为《绿》的绘本。妈妈和菁菁一起读完后，感叹世间竟然有如此多种绿色，不同的绿色传达了不同的气氛和情绪。绿色原来能够如此丰富多彩，真是极佳的色彩启蒙教材。书中的翻页或镂空设计还非常巧妙，菁菁爱不释手且充满好奇地从这一页翻到下一页，探索着每一页之间的联系和奥秘。书中借助不同的绿色场景，描绘了人与自然的和谐关系。尤其是那"绿荫下的绿"的画面，让人久久难以忘怀。

第七章 通过亲子共读解决孩子太乖、缺乏个性的问题

 学会表现自我

　　早期阅读为孩子的心灵打开一扇窗，让孩子知道艺术的丰富性，以及世界的多元性，也让孩子找到不同的表现自我的方式。与阅读相结合的艺术启蒙，赋予孩子多样化的表达语言。家长应该在亲子共读中学会倾听，鼓励孩子表达。意大利教育家洛里斯·马拉古奇在诗歌《其实有一百》里就提出"儿童有一百种语言"的观点。他写道："孩子/是由一百组成的/孩子有/一百种语言/一百只手/一百个念头/一百种思考方式、游戏方式及说话方式/还有一百种/聆听的方式/惊讶和爱慕的方式/一百种欢乐，去歌唱去理解。"

　　家长应该在亲子共读中营造一种对话的氛围，让孩子畅所欲言。也可以围绕刚读过的绘本，给孩子选定一个主题来绘画。比如看过绘本《绿》后，孩子可以画一幅有关"绿"的主题画。书中的内容成为孩子灵感的来源，孩子的所思所想也会流露到绘画中，把难以言传的感受在绘画中展现。让孩子通过画画自由地表达内心世界，也是培养孩子艺术修养的一种方式。儿童绘画心理学家李甡认为，绘画是开启儿童艺术之门的重要活动，家长站在哪个立场上去看待儿童，站在哪个立场上去看待儿童艺术，决定了他们该如何给孩子的绘画活动提供支持；家长无须纠结孩子是否有学画的天赋，或怎么给孩子选择绘画培训班，而是要鼓励孩子把绘画作为一种表达方式，作为表达他们如何认识世界和认识自我的一种独特语言，形成自己的个性。

　　英国大画家安东尼·布朗有一本艺术启蒙绘本叫《形状游戏》。故事开头是这样的："那年，我还是个小男孩，不知道自己想要什么。妈妈在她生日那天出了一个主意，要我们全家去一个不一样的地方。结果，那一天彻底改变了我的人生。"我们很多人在小时候甚至长大

后都和安东尼儿时一样,不知道要干什么,能干什么。究竟什么事情让主人公找到自己最想要的东西?故事中的这一家四口人去了美术馆,一开始只有妈妈兴致盎然,爸爸和两兄弟勉强跟去。随着妈妈的解说与引导,弟弟开始有了兴趣,接着哥哥和爸爸也进入鉴赏状态。最终大家都颇有收获,愉快地离开美术馆。在回家的路上,妈妈教孩子们玩一个"形状游戏":一个人先画出一个形状,任何形状都可以,另外一个人得把这个形状变成一种东西。书的最后说:"这个游戏真棒,回家的路上,我们一直玩,也许可以这么说,从那时候开始,我就一直玩着形状游戏。"就这样,一个大画家找到表达自我的方式,并获益终身。

除了艺术启蒙绘本,家长还可以跟孩子一起读诗歌。诗歌常以情感表达为主,可以给孩子情感上的熏陶,让孩子学会表达自己的情绪。诗歌激励着一代代人,有时候哪怕只是诗中的个别字句,也会深深打动人。著名儿童教育学家朱浩东先生,是日本玉川大学教育学部教授,学识渊博。他出国前是北京大学历史系的学生,师从季羡林先生。季羡林先生曾赠予他一本《千家诗》,对他说:"孩子,无论走多远,有这本诗集就能找到回家的路。"这本《千家诗》陪伴了朱先生度过了艰辛的求学路,只要有这本诗集在,他的内心就会感到安定。

 学会建设性的批判

艺术的发展史正是以批判思维为基础的。过去人们认为艺术品一定要逼真、美丽,艺术应该有统一的、唯一的审美标准。但现代艺术走向更加独立、自由的状态。这种突破性的飞跃,得益于艺术家独立的创作和批判的发展。所以,艺术教育也应该让孩子学会自我反思,

第七章　通过亲子共读解决孩子太乖、缺乏个性的问题

培养批判精神。艺术同样可以成为反思自我的工具。比如在第一次世界大战期间，欧美许多城市兴起的达达艺术，表达了欧洲年轻艺术家对于过去和现状的批判。他们厌倦战争，感到失望和彷徨，在艺术上否定理性和传统文化。

艺术启蒙的重要教育意义就是让孩子学会反思，认识自我。家长在亲子共读当中应该允许孩子从不同角度去理解故事。比如，有些家长在给孩子讲经典童话故事书时，习惯于某种传统的解读方式。比如在读完绘本《灰姑娘》后，常教育孩子要保持真善美的内心，终究有一天幸运之神会降临。其实，家长还可以尝试突破传统的束缚，引入一种"破格"的解读，通过亲子互动的形式，引导孩子从不同角度理解这个童话。

妈妈问盈盈："假如灰姑娘因为后妈不让她参加舞会就放弃机会，她还能和王子幸福生活在一起吗？"盈盈回答："不会！那样灰姑娘就不会遇到王子，不会爱上王子，不会和王子结婚。"妈妈鼓励说："对，把握机会展示自己很重要。"妈妈又问："如果后妈没有阻止，甚至支持她。但是灰姑娘她自己不想参加舞会，她能跟王子幸福生活在一起吗？"盈盈摇摇头说："不能！"妈妈又问："是谁决定灰姑娘能否过上幸福生活？"盈盈又想了想说："她自己。"妈妈说："即使后妈不爱她，灰姑娘也要爱自己。正是由于灰姑娘爱自己，她才可能去寻找到自己希望得到的东西。所以，我们任何时候都要爱自己，都不要放弃追求幸福。"

家长可以在亲子共读中引导孩子学会建设性地思考。所谓建设性，指思考或者批判的目的不是为了搞破坏，而是为了把事情建设得更好。读书也需要读者积极参与和解读，与作者共同建构书中的精神世

界。正如杜甫诗中所云："文章千古事，得失寸心知。"家长和孩子一起读书的时候，应鼓励孩子和作者搭建起心灵的桥梁，引导孩子感受作者的真诚，欣赏书中文字和图画的闪光点，进行建设性的批判思考。

04 支持自由表达

 无言胜有言

　　图画是绘本的灵魂，而不仅是文字的补充，所以有些绘本甚至连一个字也没有，称之为无字书。无字书是童书里面比较有"个性"的一类图书，完全通过插画表达故事情节。也正是因为无字书没有文字阐述，很多家长对无字书有距离感。实际上，面对无字书，家长完全可以和孩子进行多种解读。

　　一些家长已经习惯于完全使用绘本上的固定文字给孩子讲故事，这和成人在读书时对文字的依赖性有关。但是，孩子阅读图书的习惯恰恰不同。他们更喜欢通过图画来解读绘本。有研究者借助于眼动仪技术，考察四岁儿童在读绘本时究竟在看图画还是在看文字。研究结果表明，儿童的注意力很快就被书中的图画所吸引，只剩下13%的时间看文字。很显然，看图是一种儿童最容易接受的信息加工途径。

　　一天薇薇妈妈念完一遍绘本上的文字后，邀请薇薇讲述一下这个故事。薇薇比较抗拒地说："妈妈，我不会讲。"妈妈说："我刚刚不是给你讲过一遍了吗？"薇薇小声说："妈妈，我讲不好。"妈妈知道

第七章　通过亲子共读解决孩子太乖、缺乏个性的问题

孩子缺乏信心，就耐心地引导："没关系，无论你讲得怎样，妈妈都喜欢你讲的故事。"可是，薇薇还是扭过头去，就是不想讲故事。妈妈有点着急，说："妈妈给你讲完这个故事，现在轮到你给妈妈讲啦，快讲吧！"无奈之下，薇薇只好不开心地把妈妈刚讲过的故事"复述"了一遍。薇薇讲完后，妈妈虽然嘴上表扬她"你真棒"，但是心里却觉得她的表达能力不够好，不像电视上看到的小小"故事大王"讲得那么绘声绘色。

相对于有固定文字情节的绘本，无字书不依赖于文字，只是通过图画讲述一个故事，减少了孩子由于"陌生"的文字而产生的焦灼感或生疏感。无字书借助图像语言讲述故事更为流畅和开放，让孩子在阅读中进入一个更广阔的精神世界。图片不同于文字，更加直观形象。孩子在看无字书的时候，往往有更丰富的想象空间和更加深刻的领悟。如果家长鼓励孩子多看无字书并自由解读，孩子就能从中创造出独具个性的故事表达。

 解读无字书

现在每年都会出版大批优秀的绘本，但无字绘本还是其中比较小众的一类，家长更倾向于给孩子挑选带有文字的绘本。其中一个主要原因是家长希望能帮助孩子识字，发展读写能力。无字书的教育意义常常被低估。有些家长纳闷：没有字的书要怎么给孩子读啊？误认为无字书缺乏可读性。

有研究者调查家长在读无字书时讲了什么，发现其实对于无字书家长还是有话可说的，并不是"缺乏可读性"。在读无字书时，家长虽然没有了文字的引导，但是他们会使用大量描述内在

感受的词语，包括描述故事主角的感知状态（如听到、看到）、情绪状态（如开心、生气）、愿望意图（如希望、想要）等心理状态类的语言，还有表达道德评价（如好的、坏的、权力、责任）等词语，补充了很丰富的心理语言。无字书给家长和孩子提供了更多的想象和表达的空间，促进亲子对绘本内容进行更深刻的讨论。

一天，妈妈给莉莉买了一本无字绘本《变焦》，爸爸随手翻看了一下，感到非常震撼。他和莉莉妈妈感慨道："和浩瀚的宇宙相比，我们人啊，只不过是沧海一粟。我们常常为鸡毛蒜皮的小事感到焦头烂额，也许只是因为我们没有'让镜头变焦'。"

正如杜甫所云："不识庐山真面目，只缘身在庐山中。"如果我们跳出来，就能看得更高、更远。爸爸和莉莉一起看完这本绘本后，摸摸莉莉的后背说："当我们遇到困难的时候，不妨也把视线再放远一些，站在更高远的角度看待它。"

 提高表达能力

面对一本无字书，孩子的理解可能和成人不同，所以家长没有必要先用成人的理解方式框住了孩子的思维。在孩子讲无字书时，家长耐心倾听孩子发现了什么，强调了什么，忽略了什么。等孩子讲完后，家长再对情节做些引导或者补充。让很多家长惊喜的是，无字书给孩子带来的阅读体验可能跟有字书完全不同。因为没有文字，孩子的注意力更多集中在图画上，反而在阅读时更加专注，所以他们在阅读无字书时常常观察到一些连大人都没有发现的细节。

第七章　通过亲子共读解决孩子太乖、缺乏个性的问题

家长在和孩子一起读无字书时，可以帮助孩子补充情节，加入更多人物对话，让故事更加饱满有趣。只要家长恰当地鼓励和引导，孩子就可以通过阅读无字书提高洞察力和表达能力。

妮妮拿来《米菲的梦》让妈妈给她读。这套风靡世界的"米菲绘本系列"，本来就以"简明"的风格著称。简单的线条、较大的色块、符号化的形象，六种纯色浓烈鲜亮，简单、平静但传神的图画塑造出了一个快乐生活着的米菲形象。其中《米菲的梦》这一本更是简之又简，书中一个字都没有。这本书主要描绘了米菲的梦境。在梦中她坐在白云上，星星和月亮都看起来好近。后来还出现了一个小棕兔，好像是在跟米菲一起玩，他们在云朵上躺着，还把星星摘下来玩并撒落满天星。书中简洁但韵味十足的画面，很容易就抓住了妮妮的注意力。

妈妈鼓励妮妮先试着讲一遍这个故事，妮妮讲得兴致十足。但是妈妈注意到妮妮有些地方讲得比较快。比如在米菲遇到小棕兔后的三个画面，除了兔子的位置有少许变化之外，画面几乎没变，也没有任何多余的东西，妮妮似乎也没有特别展开叙述。于是妈妈针对这几页的画面，引导妮妮细致地观察图画的细微变化，并且鼓励她想像米菲和小棕兔之间的对话，帮助孩子理解这两只兔子的互动。

 释放压抑的情绪

成人在表达时习惯于依赖文字和语言，而孩子则靠直觉感知世界，不依赖文字这根"拐杖"，孩子纯真的心灵喜欢直接的表达方式，这也可能是孩子如此喜欢无字书的原因。通过对图画的解读，孩子能

充分表达自己的情感,不造作也不掩饰,甚至投射出一些平常压抑的情绪,帮助自己释放压力。

阿志让爸爸给他读一本绘本,爸爸看看封面,书名只有"噗~噗~噗"三个字,爸爸顿时很好奇,翻开书一看,没有环衬,没有扉页,直接进入正文。书中只有寥寥几个字,画面也非常简单,颜色尤其吸引阿志的注意。爸爸鼓起勇气,决定不做解释,只是用书上的这些个拟声词来给孩子讲,每次爸爸"噗"一声,阿志就咯咯地大笑起来,爸爸也一阵大笑。

笑过之后,爸爸邀请阿志讲一讲这个故事。没想到,阿志翻开了其中一页,说这个像是小动物拉不出臭臭来。爸爸忍住笑看着阿志,阿志满脸严肃。于是爸爸引导阿志加入更多描述情感的语言和内心独白。阿志就敞开心扉说:"小动物拉臭臭太痛了,使劲也拉不出来,很害怕,他担心自己身体出问题了,害怕要看医生要打针。"爸爸这才恍然大悟,原来阿志把自己前几天便秘的感受投射到这本《噗~噗~噗》的绘本里了。爸爸明白了孩子的心理后,从书架里找出了一本叫《拉便便好疼!给便秘孩子的健康指导》的书,耐心地跟阿志读起来。

05 减少孩子的挫败感

 避免归属感的缺失

由奥地利心理学家阿德勒所创立的个体心理学认为,每个人都有自己的需求,并希望根据自己的需求而行动。一旦孩子的需求得不到满足，他就表现出归属感的缺失，进而产生焦虑和挫败的心理。焦虑的孩子想尽力满足父母的要求，生怕犯错而被斥责，所以他们表现得很乖、很听话。家长可以利用每天亲子共读的美好时光，尽量满足孩子对于归属感的需求，减少孩子的焦虑感和挫败感，从而让孩子的个性得以释放。

家长在亲子共读中要尽量传递爱意和鼓励。除了肯定孩子的优点，还可以通过拍肩、抚摸、拥抱、亲吻等亲密的非语言方式表达自己的态度。家长可以找一个舒服的沙发、地垫、豆袋椅等，和孩子肩并肩坐着，也可以抱着孩子，或者让孩子躺在自己的身上。当孩子在亲子共读中感受到家长的爱意，就会更加敢于表达自己的意见和想法。

每一次的亲子共读就相当于一次小型的家庭聚会。只要家长选择符合孩子认知特点并且有趣味的童书，亲子共读就将成为亲子之间的美好时光。父母和孩子还可以读一些彼此都感兴趣的书籍，分享个人的体验，表达对生活的看法和建议。阅读分享能够加强亲子联系，增进亲子情感，让孩子增强心理上的满足感，减少挫败感。

 学会相互尊重

很多家庭冲突源于彼此缺乏尊重。所以家长在给孩子读书的时候，要注意保持亲子之间的平等关系，不要因为自己比孩子多认识一些字，多了解一些事情，就在读书的时候表现出唯我独尊的态度。孩子虽然认知能力有限，但是他们对于图画和语言的感受力有时候是超出家长想象的，有时对书籍的理解也有独到之处，能够体察到家长忽略了的细节。所以在亲子共读时应该接纳多元的解读。针对一些意见或偏好冲突，比如究竟要读哪本书，或者应该以什么形式去读等，家长应该和孩子一起商量，共同解决，而且尽可能让孩子做主。

新学年开始，晋晋幼儿园来了一个插班生，是个外国小孩。晋晋和班上几个小男孩觉得特别好奇，老围观这个外国孩子。班老师陈老师为了教育孩子学会尊重他人，就和孩子们一起读《人》这本绘本。这本书是由美国的彼得·史比尔创作的，它提供了一个非常全面的视角，揭示了丰富多彩的人类种族、文化、社会、习俗以及个体差异。不同的肤色、爱好、个性，组成了世界各地不同的人。不同的建筑、艺术、社会，组成了世界多元的文明。

这本书文字不多，但是图画的信息量巨大，孩子们都被这本书吸引了。晋晋看着其中一幅画面不解地问陈老师："怎么这个人的爆炸头这么奇怪呢？好难看呀！"陈老师耐心地解释道："这是美国黑人歌手曾经流行的爆炸头，每个地方、每个时期都有大家喜欢的东西。"孩子们都点点头说："原来人和人这么不一样"。陈老师接着说："正因为每个人都是独一无二的，世界才如此精彩。"

陈老师和孩子们讨论他们在暑期旅行时所去的地方有什么风俗习惯上的差异。孩子们七嘴八舌地回答了很多。最后陈老师总结道："大家除了要观察外在的差异，还要观察内在的差异。人和人之间的最大差异，并不全是外在的不同，而是思维的深度和广度上的差异。外在差异，很大程度是遗传因素决定的，或者受制于我们所在社会的规范。但是在思维的领域，我们都可以成为自己的主人，形成自己的观点和个性，正如书中所说的，成为我们想要成为的人。"

 ### 运用反馈式倾听

在亲子共读中，家长应该有效地运用反馈式倾听来回应孩子的自发表达。反馈式倾听作为一种开放式回应，并不是简单地重复孩子的话语，而是表明父母不带任何评判的接纳态度，使孩子能够较为清楚地反视自己的观点和看法。比如，当孩子放学回家后说："我今天有点难过，希希说不跟我做好朋友。"封闭式倾听方式可能是："她不想跟你做好朋友，你就找其他人做好朋友吧。"但是这种方式的弊端是过快地给孩子一种解决问题的方案，并没有真正地了解孩子的真实困难，也没有鼓励孩子自己去解决问题。

相反，反馈式倾听方式的方式可能是："听起来你们之间好像出现了些矛盾，你觉得她拒绝跟你做朋友。"反馈式倾听需要家长不断尝试和实践，是需要学习的一种技能，在实际使用时应该注意表现出对孩子的关注，察觉非言语信息，让孩子把话说完，回应时避免使用批评的语气。有时候，共读一本书正好为家长提供了一个倾听孩子心声，疏导孩子压抑情绪的机会。

芝芝最近很喜欢让妈妈反复给她讲《不睡觉世界冠军》这本书。故事讲述的是：睡觉时间快到了，黛拉的玩具伙伴们还都很清醒呢，他们一点儿都不想睡觉，一个个争相要当"不睡觉世界冠军"，于是黛拉想办法让他们变成"最快睡觉的世界冠军"。由于反复讲述这个故事，妈妈有点不耐烦了，但是妈妈还是隐约猜测到可能有什么隐藏的原因使得芝芝这几天对这本书如此迷恋。

于是,妈妈在读完这个故事之后就鼓励芝芝表达出她的想法。妈妈对芝芝说:"宝宝,这本书真的很有意思,对吧?"芝芝想了一下,说:"我也想做不睡觉冠军!我也不想睡觉!"妈妈听后心里有些着急,但是她注意到芝芝说这句话的时候脸上带着一丝不安,而且一边说话一边双腿抖动。妈妈就温柔地对芝芝说:"听起来好像有些事情使你无法安心入睡,对吗?"芝芝点点头,说:"中午在幼儿园午睡的时候,老师说进入睡眠室后就不能去厕所了,但是我还想去尿尿,我怕我一旦睡着了就可能憋不住会尿床,所以我不想真的睡着。"这时妈妈看到芝芝眼角带着泪光。妈妈没有批评孩子为什么不睡觉或为什么不提前上好厕所,而是对芝芝说:"原来是这样,你不敢违反老师的要求去上厕所,又担心憋不住尿。这种压力让你很难安心睡觉,对吗?"芝芝又点点头,说:"其实我已经在进睡眠室之前上过厕所了,但是我有些喉咙疼,多喝了一些水,所以尿特别多。"妈妈说:"没关系,孩子,我们明天一起和老师解释一下,我相信老师一定会理解的。"

 学会自我欣赏

家长过分的保护或者管束,会让孩子失去成长的机会,削减他们的自我效能感。亲子共读可以让家长减少由于直接管教而产生的亲子冲突。绘本常常通过简单和抚慰人心的语言,帮助孩子认识与管理自己的情绪。家长可以借助这些书籍多鼓励孩子,允许孩子失败,允许孩子和别人不一样,允许孩子表达出恐惧或者畏难的情绪。

第七章 通过亲子共读解决孩子太乖、缺乏个性的问题

对于缺乏个性的孩子，家长可以通过阅读相关的书籍鼓励孩子相信自己。这里推荐一本叫《我喜欢我自己》的绘本，它通过生动的配图，讲述一只可爱的小猪最好的朋友就是她自己，她懂得照顾自己，即使没有朋友在身边，也会做一些让自己愉快的事情。如果情绪不好，她会想办法调整自己情绪。如果犯了错或是遇到了挫折，她会再给自己一次机会去尝试。而家长就需要培养孩子这样的底气："不管我去哪里，不管我做什么事，我都要做我自己，而且我喜欢这样。"

03

第三篇

亲子共读
的进阶技巧

第八章
以"共读合伙人"的身份发起亲子共读

——

教育孩子,培养一个独一无二的人,是一个值得追求的目标。因此,家长都非常关心孩子的成长。除了关心孩子的饮食起居,家长还希望给孩子提供充足的精神食粮,比如从小就给孩子买很多书看。但是,很多家长对于如何在亲子共读中更好地与孩子互动感到迷茫。其实,家长如果能够以"共读合伙人"的身份,引导孩子阅读,亲子共读的效果将会事半功倍。

何为"共读合伙人"?

在阅读时,家长可以和孩子建立一种平等合作的伙伴关系,共同商量并确定亲子互动的主题,相互协助完成共同感兴趣的事。这样良好的互动好似打乒乓球,家长要参与"打球",就需要"接住孩子丢过来的球"。家长可以利用自身已有技能和经验,在接球时引导孩子练习"抛球、接球"的技巧,同时,亲子之间还可以共同讨论和制定"比赛规则",并计划下次活动如何进行。

举个例子,《大卫,不可以》这一绘本描述了主角大卫的一系列淘气行为。有些家长看后心里直嘀咕:"这些调皮捣蛋的内容会不会给孩子起到坏的示范呢?"然而,很多看过这本书的孩子都非常喜欢大卫。这个天真无邪、把家里搞得一团糟的大卫,让孩子觉得又开心又释怀,也许孩子都渴望像大卫一样随心所欲。在这个故事的最后,大卫被妈妈紧紧地搂在怀里,幸福地闭上了眼睛,妈妈一句"大卫乖,我爱你"让人觉得无比温暖和感动。家长可跟孩子在平等的氛围中敞开心扉,讨论大卫的故事,倾听孩子读后的感受和观点。家长不要试图控制、限制孩子的想法,不要替代孩子探索,更不要直接给出解决问题的答案。

 **四种协商技巧**

家长在亲子共读过程中不是领导者,也不是旁观者,而是教育的补充资源,是儿童阅读的服务人员。如果家长能在亲子共读中与孩子平等合作,孩子更容易接受家长的阅读引导。

在亲子共读中,要建立这种合作关系,可以使用以下协商技巧:

第一,给孩子充分的自主性。当孩子开始自信地说"我来做决定",那么孩子差不多就能自主阅读了。很多孩子因为获得了自主性,就不再失控发脾气,开始享受阅读。

第二,给孩子一个喜欢的**替代选项**。比如:"我们不看这本书的话,可以看另一本你喜欢的书。"这种替换不会带来排斥感而且很有效。当然,有时可能不容易提供这么一个替代选项。

第三,家长在共读互动中使用的语调应该传递出一种信心,即确信自己提出的要求是很重要且有意义的。孩子天生倾向于相信家长并且想要取悦家长。如果家长是胸有成竹的样子,那么孩子也会觉得认真阅读是有意义的事情。

第四,在亲子共读中最好**避免引发恐惧或者内疚**。如果家长使用一些比较抽象的命令,比如"你必须合作"。这样的指示会让孩子觉得难以配合,感到无助。如果我们用简单的句子如"我现在需要你帮助我"替换抽象的词汇如"合作",我们直接地求助于孩子想取悦家长的本能愿望,那么孩子更可能配合。

01 善用正念沉着法

正念养育的五个要素

"正念"这一概念源于东方禅修，是指有意识地觉察和感知此时此刻，强调以一种持续的、不加评判的觉察方式感知内心，比如身体感觉、情绪、想象、心境等。"正念养育"就是基于正念的育儿方法，是指父母在教养孩子的过程中，对自己的内在状态以及如何思考和感受这些内在状态的觉知。

正念养育包括五个重要元素：

1. 无条件的爱：家长需要让孩子在现实和内心中都感受到爱和信任，感受到自己与生俱来的天赋和价值。

2. 自主的空间：家长要让孩子获得自主感，从而促进孩子自主能力的发展，增强孩子对自己行为负责的意识。

3. 以身作则的导师：家长要通过示范，为孩子提供咨询和指导，使孩子形成良好的习惯，以正确的价值观，带着同情心真诚、正直地生活，促进孩子情绪发展和智力发展。

4. 合理的边界：家长为保护孩子，设立合理的边界，增强孩子控制冲动的能力，提高孩子的适应能力。

5. 偶然的错误：当家长和孩子在生活中经历无法避免的痛苦和不适时，用怜悯、宽容的态度对待它，偶然犯错也是孩子体验和学习宽容的绝好机会。

 **正念沉着法**

当家长在亲子共读中使用正念沉着法,努力把自己调整到放松、沉静、专注的状态,这样就能自然地给予孩子无条件的爱,给孩子提供自主成长的空间,并以身作则地示范自己希望孩子做到的事。此时的家长更能关注亲子关系,提高教养技能,改善亲子共读的质量。

当家长处于正念沉着状态时,可以从一种较为全局的视角去看待孩子,和孩子一起成长,帮助孩子充分发挥潜能。和孩子一样,我们也有很多需要学习的地方。在每天短暂的亲子共读时光里,家长要学会欣赏自己的孩子,和孩子一起在书本的海洋中共同成长,并获得快乐。家长在亲子共读中更像一位园丁,而不是孩子天赋或能力的创造者。家长应为孩子提供恰当的阅读环境,支持孩子阅读兴趣和阅读能力的茁壮成长。

点点五岁之前一直在老家生活。如今父母事业稳定,就把她接到身边读幼儿园大班。父母发现她做事很爱拖延,光早上穿衣服就能磨蹭好久,吃早餐也慢慢吞吞的,上学总是迟到。晚上总是不愿意把玩具收拾好,家里被搞得一团糟。

晚上练钢琴时直接导致矛盾白热化。半小时的练钢琴时间,总要拖到晚上十一点才完成。这可把她父母急坏了,威胁她说要把琴卖掉。

点点的父母和老师沟通后发现,原来点点不仅仅在家里拖拉,在学校里做事情也总拖延。比如,她总是不能按照老师的要求参与到课堂活动中,或者是沉浸在上一个活动中无法很快转移到老师安排的新活动中。班级活动总是会因为她的拖延而被耽误。

第八章 以"共读合伙人"的身份发起亲子共读

经过跟老师的探讨，点点的父母才明白：点点她本身尚处于注意力发展不完善的阶段，完成任务时容易受到无关刺激影响而分心，也会由于注意力不集中而行动迟缓。她自身还带有一些完美主义倾向，总是希望能够把事情完成到最好，因此投入大量的时间和精力到上一个任务中，由于缺乏全局观念影响了下一个任务的执行与完成。另外，在老家祖辈常将许多本该由她自己完成的事情承担了下来，因此缺乏责任意识，也会导致她出现拖延的问题。

鉴于孩子的注意力发展情况，老师建议父母先调整好自己的情绪状态，尽量不对孩子发脾气或威胁孩子。后来点点父母进行了一些正念练习，然后再和孩子一起看书、做游戏，孩子再也没有往日那么喜欢磨蹭了。

 正念放松练习

很多家长在忙碌了一天工作后，身心疲惫，回到家还要照料孩子和收拾家务。为了不耽误孩子上床睡觉的时间，千赶万赶，好不容易挤出半小时来和孩子一起看书，可是因为孩子磨蹭、拖延而浪费了时间，让那半小时宝贵的亲子共读时间似乎没有什么作为。这让家长感到很沮丧，随之而来的负面情绪也传染给孩子。家长在亲子共读之前最好先做一些正念练习，平复自己的紧张情绪，以更好的心态和孩子一起读书。在做家务活时，也可以进行一些正念放松练习，比如可以一边洗碗、一边冥想：

1. 请以好奇、开放、接纳和热爱的态度开始洗碗。
2. 感受你手上的肥皂和水花。
3. 感受你手中盘子的重量。
4. 水花飞溅时，听听那些声音。

5. 你的身体有何感受——你的双脚,你的背部,你的双臂。
6. 你觉察到了什么情绪和思绪。
7. 以好奇和友好的态度去关注你所发现的东西。
8. 为了自己,为了孩子,也为了生命而心怀感恩。

事实上,以这种方式清洗餐具或参与任何活动,都可以对大脑与身体进行正念训练,强化自己的沉浸能力。家长可见缝插针地加入一些正念放松练习,以更轻松的状态投入亲子共读的互动中。

在你进行此练习时,请以好奇、开放、接纳和热爱的态度,有意地关注你当前所做的事情。你是否沉浸于此刻?你的大脑感受如何?你觉察到了什么情绪和思绪?以好奇和友好的态度去关注你所发现的东西。如果你的大脑开始游离,你可以重新关注自己的呼吸,依靠当下的沉浸感,感受呼吸的进出。现在打开你的意识,进入一种放松、接纳的状态,向此时此地正在做的事情开放。

 享受当下

如果家长能通过正念沉着法调整好自己的状态,就能更好地把握当下时光,通过亲子共读中的联结,走进孩子的内心。医生常告诫我们,对于疾病,预防胜于治疗。同理,我们的育儿工作也应该是提前进行积极主动的预防。如何预防?需要通过各种形式的亲子互动,与孩子建立深入的联结,积极解读孩子的需求,并且满足他们的需求,这样就可以极大地降低儿童出现不良行为的可能性。家长淡定而温柔的关注,会使家庭生活变得更容易,也会更好地滋养孩子的精神。

其实,处理孩子不良行为的最好方法,就是看到这些不良行为背后的需求,比如寻求关注,或者希望获得一个没有压力的自我纠错空间。家长应通过满足需求来纠正不良行为。满足孩子内在的需求是一种更深层次的联结,也是一种提供精神上的养分,滋养孩子内心的成长的重要方式。

五岁的华华放学回家,带回来一个手工作品,想让妈妈欣赏。结果妈妈回家路上大堵车。好不容易赶到家,华华正想拿作品给妈妈看,妈妈又接到领导电话,让她在家加班完成紧急任务。终于等到妈妈挂电话,华华赶紧自豪地向妈妈介绍自己的作品,结果家里空调机突然坏了,重启了好几遍都无济于事。

汗流浃背的妈妈这时彻底崩溃了,对华华发脾气:"你怎么这么不懂事,老想插话,非得闹着要妈妈看你的东西,有什么好看的。你看,现在空调都气坏了。"华华本来一心只是想展示自己的作品,听到妈妈大声训斥,就大哭起来,一发不可收拾。妈妈也忍不住委屈地哭起来。妈妈为了让自己冷静下来,躲进了书房。她无意中看到一本新绘本《尼古拉的三个问题》,随手翻阅起来。这本绘本改编自托尔斯泰的《三个问题》。她小时候看过《战争与和平》,现在看到这本书感到很惊喜。

书中的主人公尼古拉想做一个好人,可是不清楚如何做才好,于是想找到三个问题的答案:什么时候是做事情的最佳时机?什么人是最重要的人?什么事是最重要的事?他的动物朋友们都无法解答他的问题,于是他想请教已经在这个世界上生活了很久的老乌龟。到了山顶,老乌龟正在翻菜园,尼古拉就向他请教那三个问题。老乌龟很认真地听完后却没有回答。

尼古拉看到老乌龟翻地很辛苦就帮他翻地。刚翻完地,就出现狂风暴雨,他们赶紧回小屋避雨,这时听到有人喊救命。于是,尼古拉就去救助被竹子砸伤腿的熊猫妈妈和冻得瑟瑟发抖的熊猫宝宝。第二天，熊猫妈妈伤好了，带着熊猫宝宝下山了。朋友们担心尼古拉，就上山来找他。尼古拉很开心，又很失落。开心的是帮助了熊猫妈妈和熊猫宝宝，失落的是问题还没有答案。于是又去请教老乌龟。老乌龟告诉他，你的问题已有答案了。如果你昨天不帮我翻菜地，就不能在狂风暴雨中听到熊猫的呼救，因此，最重要的时刻就是你翻菜地的时候，最重要的人就是我，最重要的事情就是帮我翻菜地。接着你发现受伤的熊猫，最重要的时刻就是治疗她的腿和救她孩子的时候，最重要的人就是熊猫母子，最重要的事就是照顾他们并确保他们平安。尼古拉在老乌龟的启发下，终于领悟：最重要的时刻就是当下，最重要的人通常就是你身边的人。最重要的事就是帮助他们。

妈妈拿着绘本，深吸了一口气，走出书房，抱着华华说："刚才妈妈回家心情不太好，又接到电话打断了我们的对话，华华肯定有点失望吧？空调坏了可能是因为天气太热了，空调累坏了，不是你造成的，妈妈刚才不该对你发脾气。你可以原谅妈妈吗？"华华点点头，擦干了眼泪。妈妈笑着拿起那本书说："我们一起看这本书好吗？"华华开心地坐到妈妈怀里开始看书。

家长以身作则地调整自己的情绪，及时调整自己与孩子的互动方式，不埋怨或自责，通过爱心软化孩子，借助亲子共读来引导孩子享受当下，珍惜当下。

02　培养良好的阅读状态

在亲子共读时，家长的心理状态与亲子互动的质量息息相关。家长应该对自己在亲子共读时的心理状态有所觉察。比如，当你给孩子读完一本书，你和孩子放松地靠在座椅上，欣赏着书的封面，回味着故事的内容。此时只有窗外鸟儿在吟唱，你也许体验到一种非常平静的心理状态。而另一种反面情形是，你想给孩子读书，但是孩子跑来跑去坐不下来，你感到身心疲惫，心跳加速，身体紧张而且轻微晃动，思绪有些紊乱。如果家长具有正念的智慧，就能敏锐地觉察到自己的状态，及时地进行调整，就能让孩子体验到安全感，更容易赢得孩子的尊重和喜爱。

家长面对孩子的要求或质疑，常感到烦躁，要么总是让步，要么总是不让步，没能关照到孩子的需求。其实孩子提出过多要求可能表明他在亲子共读中缺乏控制感，想寻求家长的关注。因此，家长不能总是让步，有时候只需要温柔而坚定地坚持就可以了。不过，如果家长总是不让步，实际上是在向孩子传递一个不好的信号：你不接纳不同的观点，你拒绝承认自己有时也会做出错误的决定。这种信号将会使家长和孩子都陷入烦躁的心境。

 共读的心理状态

我们把家长在亲子共读中的常见心理状态分为三种：

第一种是**自动反应状态**，指家长因为孩子的一些阅读行为和态度而感到紧张、沮丧或者愤怒。这时家长大脑中的情绪"报警器"响起警报，整个人失去了平静。有些家长甚至在肢体上、言语上或精神上伤害孩子，另一些家长会选择终止或退出亲子共读，还有些家长会变得过度焦虑，并以极端不健康的方式满足孩子的各种愿望。

第二种是**积极反应状态**，指家长处于积极反应的心理状态，可以觉察到亲子共读中许多令人感动的细节，并且能够以健康、公正的方式做出灵活回应。比如可能会由于孩子的哭泣而感到身体不适，并且本能地有一种冲动，希望孩子马上停止哭泣。但是，你觉察到自己的紧张，意识到应该尊重孩子的需求，所以，你控制了自己向孩子咆哮的冲动，也明白孩子和自己都需要静一静。有些家长可能会以一种尊重的方式引导孩子的需求，比如给孩子提供一张更加舒服的阅读沙发，而不是勉强顺从于孩子想躺着看书的愿望。

第三种是**直觉状态**，指家长轻松地投入到亲子共读活动中，毫不费力地与孩子一起畅游书的王国，倾听自己的心声就能顺利找到解决问题的方法。在这种理想状态下，家长能够对亲子共读满怀信心和感恩，亲子共读所带来的美好回忆滋润着孩子和家长的心灵。我们不一定能达到这种理想状态，但需要以此为目标。借助正念技术，家长可在亲子共读中练习保持良好的心理状态。

 觉察阅读的状态

家长在亲子共读中要觉察自己的心理状态。当孩子把你正在看的书撕烂并扔在地上，或者当你的孩子数次捣蛋而打断了你给他读绘本，那么你的神经系统有可能出现一阵烦躁或愤怒。因为你明白孩子只是做了一个小孩子都会做的事情，所以你努力压抑责骂孩子或者威胁孩子的冲动。这些自发的抑制行为，会导致身体和大脑内封锁许多沮丧情绪。这时候家长要学会使用正念的方式帮助自己安全地宣泄情绪。比如家长可以跟孩子说"我们等一下再继续读这本书"，或者"妈妈需要自己静一静"。如果你的伴侣就在附近，可以请伴侣来接管孩子，以便你进行自我调整，比如自己去散散步。如果没人能帮忙，你也可以让自己在洗手间待一会儿，或者进卧室换件舒服的衣服。给自己一定的冷静空间，可以避免做出一些日后可能会后悔的事情。

第八章 以"共读合伙人"的身份发起亲子共读

跳跳今年五岁,特别喜欢看动画片。妈妈希望跳跳每天读书半小时后再去看动画片。但是,跳跳看书没两分钟,就跑到客厅打开电视看。妈妈生气地说:"不是说好了吗?咱们先看完书再看电视。"二话不说就把电视关掉了。跳跳开始大哭起来。妈妈说:"哭什么哭?错了就要接受惩罚。你今天都不能看电视了。"跳跳一边流泪一边说:"错了又怎么样?"妈妈就说:"错了就要改呀。"跳跳哭得更加厉害了:"我知道错了,为什么你还要这么凶地对我?"妈妈说:"谁对你凶了?妈妈想让你看书,学点本领,跟你说好了规则,你非要不听。"跳跳说:"我想自己静一静,可以吗?"妈妈就说:"你要反省一下,向妈妈道歉。"跳跳更加生气了:"为什么要反省?为什么要道歉?我已经说我错了,还不够吗?"妈妈继续不依不饶地希望跳跳道歉认错。跳跳哭着说:"我想自己静静,不行吗?"然后自己转过身去哭泣。妈妈实在没有办法了,只好生气地离开。

在上面这个例子中,孩子处理情绪的方式比妈妈还要好,孩子至少觉察到自己的心理和情绪状态,并且给自己一个缓冲,请求妈妈允许自己静一静。事实上,在亲子共读中冲突不可能完全避免,当亲子之间出现矛盾的时候,就需要双方寻求调整情绪的方式,而让自己冷静一下是不错的方法。

在绘本《杰瑞的冷静太空》中,主人公杰瑞也突然发脾气了,妈妈首先给孩子一个拥抱。妈妈抱着杰瑞,让他在自己的怀里哭了一会儿。等杰瑞哭得差不多了,情绪渐渐平复下来后,他告诉妈妈:"我回家路上不小心把一个碗给摔碎了,这个碗是我花了好长时间做的。今天是爸爸的生日,那个碗是我原本想送给他当生日礼物的。"于是,妈妈就理解了,杰瑞情绪不好完全是有理由的。

这时妈妈轻声对他说:"感到伤心和生气是很正常的,但是伤害自己、损坏桌子就不好了。我有一个好主意,如果让你搭建一个能使自己平静下来的特别的地方,你觉得那会是什么样的呢?"杰瑞想做一个"冷静太空"。于是妈妈和杰瑞开始分工合作,妈妈负责刷漆,杰瑞负责剪星星,然后他们把气球涂成彩色,在大纸盒上画上宇宙星球,冷静太空就这么做出来了。在妈妈的引导下,孩子的情绪从宣泄到平复,再到重新关注外部世界。建议共读这个绘本时,也问问孩子:"如果你想建一个冷静空间,你觉得它是什么样的?"比如,孩子可能希望是一个冷静城堡。接着,你可以继续问:"你希望里面有什么?"然后找一些简单的材料引导孩子把这些元素做出来。当孩子情绪崩溃时,家长就可以对孩子说:"你还记得杰瑞的冷静太空吗?你可以去自己的冷静城堡啊。"

 对孩子的情绪发展保持耐心

著名家庭治疗大师萨提亚在实践研究中发现,父母一般对于孩子的技能掌握、知识学习都很有耐心。比如说,父母愿意耐心陪伴并鼓励孩子跌跌撞撞学走路,但是对于孩子情绪的发展,父母却显得忍耐力有限,甚至在孩子发脾气时自己也变得非常暴躁。在面对孩子的情绪问题时,家长可能一味地想要堵住孩子的嘴,没有从孩子的角度理解这种宣泄,也没有做到耐心地梳理孩子心情不好的原因。

四岁的灵灵最近比较抗拒和爸爸一起看书,爸爸觉得很沮丧。他最近工作比较忙,有很多烦心事,不过他还是尽量保证一周有三次陪孩子看书的时间,但最后常常是孩子哭闹着要结束亲子共读,爸爸也失去了耐心。妈妈很鼓励爸爸抽时间跟孩子互动,但她连续几天从旁观察,发现了一些问题。于是妈妈私下找爸爸谈:"我注意到一些细节，也许是你之前没有考虑到的。你最近工作不是特别顺利，这也不能怪你，如果我们能够关注一些细节，也许孩子就更喜欢和你一起读书了。"爸爸好奇地听着。妈妈继续说："我们每次读完书都着急让孩子去刷牙，准备睡觉，没有给孩子畅所欲言的机会。孩子的感受被忽略了，也许他还有很多话没说完，就被打住了。如果我们让孩子开开心心地结束读书环节，先不催促孩子刷牙，或者让孩子先刷完牙再看书，也许他就不发脾气了。"爸爸觉得很有道理。

03 坚持个性化教育

 社会文化的差异及影响

我们的孩子成为怎样的人，很大程度上受文化环境的影响。2010年法国制作了一部名为《Babies》的纪录片，详细记录了四名分别来自纳米比亚、东京、旧金山、蒙古的婴儿从孕期，到出生，到学会走路的生命历程。非洲的妈妈们带着孩子走在烟尘滚滚的旱季草原上，日本的主妇们推着婴儿车，悠然地走过公园。日本的婴儿在明亮整洁的教室里上早教课，而非洲的婴儿，正跟小鹿一样，俯身在小河里贪婪地喝水。日本婴儿在庆祝1岁生日，非洲的婴儿已经开始学习一边走路一边头顶小罐子的本领。美国的婴儿正在静静地听妈妈给她读好看的图画书，蒙古的婴儿趴在妈妈宰杀牲口、鲜血淋漓的盆边玩耍。还有那些同样是在学爬、学走阶段的画面：非洲婴儿腾腾腾地爬行在满是石块的土地上；日本婴儿和美国婴儿在各种玩具的逗引下在家里光洁的地面上爬行，或在商场的地面上爬行；蒙古婴儿摇着她的头，在天高地远的草原上爬行，背后是无边的蓝天和流云。

四个孩子的成长环境有着天渊之别。这个影片完全没有字幕或解说,而是采取了纯观察的记录方式,展现了因为地域、人种、国别、意识形态、贫富等差异,每个人生存状态天差地远的真实现状,这种差别在人生的最初阶段就已经彰显。

 家长自身成长环境的影响

从原生家庭的角度来看,每位父母必然因为自身的成长环境、爱好兴趣、职业身份的不同,带有不同的成长烙印,从而影响着他们的家庭教育方式,包括对绘本的选择,以及亲子共读的方式。比如,有的爸爸是工程师,比较喜欢机械,也喜欢手工操作。这些都会影响孩子在绘本选择上的口味和偏好,孩子可能会对飞机、小车等主题的绘本更感兴趣,或者喜欢翻翻书、洞洞书等探究式的图书。这就是家庭个性化书库本来就有的"基因"。

此外,家长有时会有意识或无意识地把自己未能实现的愿望,寄托在下一代身上。所以,亲子共读还体现了他们的教育诉求。比如,有些父母觉得孩子过于调皮、好动,希望孩子能更安静、专注,于是就可能选择一些能让孩子安静下来的绘本。相反,有些孩子比较腼腆、胆小,家长希望孩子能够更大胆地探索外面的大千世界,于是就可能选择一些培养孩子开放意识和探险精神的绘本。

两岁的鑫鑫白天主要由爷爷奶奶带,晚上爸爸妈妈回家比较晚,鑫鑫平时表现得比较胆小,没什么自信。

晚上妈妈特意让鑫鑫自己选了一本绘本《鼠小弟,鼠小弟》。故事中的鼠小弟称体重,指针一动也没动。猴子站到秤上,指针跳了一格,猴子得意地说:"我比你重多啦!"可是猪来了,站到秤上,指针又跳了一格,正当猪得意的时候,狮子来了……一个比一个大的动物接连登场,指针也一次次顺时针往前跳格。最后,鼠小弟又一次站到秤上,指针虽然还是零,可是看上去却比最重的大象还跳了一格。大象惊讶地说:"哎呀——比我还重啊!"

妈妈问鑫鑫:"你觉得这个故事好不好玩?"鑫鑫腼腆地点点头。妈妈继续问:"你觉得这个故事哪里最好玩?"他想了好一会才说:"最后大象说鼠小弟比它还重。"妈妈说:"鼠小弟真的比大象重吗?"鑫鑫说:"不,大象更重。"妈妈说:"对呀,那为什么大象会说鼠小弟比它还重呢?"鑫鑫摇摇头说不知道。妈妈说:"因为在那个体重计的表盘上,最轻和最重的位置很接近。"鑫鑫这才明白过来。妈妈继续说:"指针指到这里时,可以是最大,也可以是最小。所以如果我们换一个角度看待事情,可能就完全不一样了。妈妈继续鼓励鑫鑫:"宝贝现在虽然比较小,很多事情还不太会,但是宝贝也有自己的长处,换个角度想事情就可以了。"

 寻找"最佳匹配"

新生代的父母对于如何教育孩子,都具有自己的观点和想法,不希望简单地沿袭老一辈的教养方式,也不希望盲从所谓的先进教养方法。在亲子共读中,家长就可以根据孩子的特点,有针对性地选择书本类型和共读方式,实现"最佳匹配"。**"最佳匹配"是指儿童的行为风格与其社会环境(尤其是他人的期望)的匹配程度,决定了儿童的发展。**比如,如果有规律的睡眠习惯是当地文化普遍要求和期望的,那么儿童睡眠模式从小反复无常,就会严重地干扰亲子关系的质量。反之则不太会干扰亲子关系质量。

孩子的自身特点也是个性化亲子阅读教育中不可忽视的要素。家长要在亲子共读中考虑孩子的自身特点，设立恰当的阅读目标和方案，使其与孩子的自身特点达到最佳匹配。比如，有的孩子对色彩特别敏感，那么我们就可以为他选择一些色彩明艳、充满强烈视觉刺激、想象力丰富的绘本，比如李欧·李奥尼的《小黄和小蓝》。当家长慢慢摸索出孩子的喜好后，可以根据孩子喜欢某本书或者某类事物的线索，再挖掘出与之关联的更多绘本，引导孩子开阔视野，并帮助孩子形成自己的阅读风格。

不同的孩子天生就具有气质上的区别。有的孩子是易养型，从小就很乖，很少哭闹，带起来也很省心。而有的孩子是困难型，小时候就特别难带，爱哭爱闹，成长过程往往让人操碎心。还有的孩子属于慢热型，凡事慢半拍，容易让人着急上火。家长应该在亲子共读中尊重孩子的特点以因材施教，向孩子表现出不评判的接纳态度。

 不要"审问"孩子

有些家长习惯于放学后审问孩子。比如，你在幼儿园有没有跟小朋友打架？老师今天有没有批评你？你做小助手拿到小红花了吗？在这种审问的压力下，孩子很可能觉得和家长沟通没有乐趣，不愿意说话。

家长应该先示范如何敞开心扉，比如先告诉孩子今天发生在自己身上的一件事，引发孩子表达的欲望。另外，家长完全可以借助亲子共读这个媒介，通过选择与孩子生活场景有关系的绘本，在给孩子讲故事的同时，引导孩子表达自己的情绪，并讲述自己的经历。家长也可以尝试和孩子一起把书中故事改编为有趣的游戏，让孩子自然而然地分享自己的感受。

四岁的安安最近因搬家换了一所幼儿园,他自理能力不错,所以很快适应了新幼儿园的环境。安安脸上有一个明显的胎记,新幼儿园里的小朋友很好奇地端详她,甚至嘲笑她脸上的胎记。妈妈感觉到安安的不悦,就打算在晚上共读的时候和孩子好好聊一下。

妈妈说:"安安,我们来看今天的绘本,封面是什么呢?"安安说:"封面上是一只小狗,它坐在沙发上,还有一本书。"妈妈说:"这本书的书名是《斗牛犬加斯顿》。"安安兴奋地说:"斗牛犬,我听过斗牛犬哦。"妈妈接着讲:"贵宾犬太太非常欣赏新出生的孩子们。""哎,加斯顿怎么和另外三只狗狗长得不一样呢?好奇怪啊。"安安一眼就发现了不同。妈妈说:"贵宾犬太太教她的孩子们小口喝水,轻声叫唤,绝不狂吠。"读到这里,安安又发现了,说:"你看加斯顿把水喝得满地都是,还有别的小狗都是汪汪地叫,加斯顿是嗷嗷嗷地大叫的。"妈妈说:"春天到了,贵宾犬太太带着孩子们来到了公园。他们遇到另一只狗安托瓦内特和斗牛犬太太。"

原来,加斯顿是斗牛犬的孩子,而安托瓦内特才是贵宾犬的孩子。两个妈妈让加斯顿和安托瓦内特自己选择,他们选择交换回各自的家。可真的回到家,两家完全不同的生活习惯和文化,又让他俩完全无法适应。贵宾犬太太非常想念加斯顿,斗牛犬太太也非常想念安托瓦内特,于是第二天一大早,两位太太又带着各自的孩子来到公园,孩子们也想回到自己原来的家庭。

妈妈对安安说:"安安,无论是他俩选择交换回自己同类的家庭,还是第二次他俩选择回到原来生活的家庭,两位狗妈妈都宽容地接纳并尊重孩子的选择。她们都允许孩子与自己不一样。贵宾犬可以优雅地欣赏斗牛犬的健壮,斗牛犬也可以勇敢地爱着贵宾犬的温柔,能以自己舒服的方式生活,才是我们追求的。"

读完书，安安还和妈妈一起画画，主题是"未来的自己"。安安画了一个脸上有胎记的小女孩在跳芭蕾。后来，安安平静地和妈妈说了在新幼儿园里被同学嘲笑的事情，妈妈也平静地听着。安安还说自己希望学跳芭蕾舞，用优美的舞蹈表现自己的美丽。

 不要轻视孩子

在亲子共读中，家长很容易走入另一种误区：对于孩子的打断和插话不耐烦，做不到认真倾听。实际上，家长作为孩子的"共读合伙人"，应先示范如何耐心倾听他人，表明自己愿意倾听，愿意陪孩子。家长也可以和孩子玩"大嘴巴和大耳朵"游戏，轮流充当"大嘴巴"或"大耳朵"。当孩子是"大嘴巴"而家长是"大耳朵"的时候，就应该让孩子充分地表达，家长认真地倾听，让孩子获得肯定和认可，促进孩子个性和表达能力的发展。

苗苗快三岁了还说不清楚话。妈妈看着同龄的小姑娘都能唱歌、做小主持人了，可苗苗一点都没有小姑娘的乖巧样，每天只爱到处跑、到处跳，希望探索所有可以翻弄的东西。苗苗马上上幼儿园了，家长感到焦虑，带孩子看医生，医生说她的发声器官和语言理解能力还可以，也许孩子只是晚慧一点。医生建议家长增加孩子的语言输入，比如多给孩子讲故事和读书。妈妈根据医生的建议买来了一本叫《阿虎开窍了》的绘本。

阿虎是一只什么事都做不好的小老虎：他不会读书，不会写字，不会画画，甚至不曾说过一句话，而且吃起东西来还很邋遢。爸爸很担心，但妈妈说："没关系，阿虎只是慢一点开窍。"爸爸愁眉苦脸，心急如焚地等待阿虎开窍。为了给阿虎提供自由自在的成长空间，爸爸躲在沙发后偷偷瞧着阿虎是否开窍，在外面玩时远远地躲在坑里瞧着阿虎是否开窍。后来，爸爸决定不再一直盯着阿虎。经过一年多的漫长等待后，正如阿虎妈妈说的，时间到了，阿虎终于开窍了。阿虎不但会读书了，还可以同时读六本书；不但会写字了，还可以同时拿三支笔写字；不但会画画了，还画得相当出色；不但会说话了，还可以说很长很完整的句子。

　　苗苗很快被这本书吸引了，经常模仿阿虎的样子。妈妈抱着苗苗说："苗苗，我们也不要着急，总有一天我们也会像阿虎那样开窍，成为与众不同的苗苗。"

第九章

以游戏化的形式丰富亲子共读

——

很多家长都既希望孩子自由、快乐成长，又不想让孩子在学习成绩、才艺方面落后。如果家长能够把游戏融入亲子共读中，让孩子在学中玩，在玩中学，那样游戏化阅读的效果会更好。

当然，"游戏化阅读"里所说的"游戏"不是指电子游戏（如手机游戏、网络游戏等），而是泛指在某个特定时间、空间范围内遵循某种特定规则，追求精神满足的一种社会行为方式。游戏不但存在于人类社会，还存在于所有哺乳类动物中，特别是灵长类动物。游戏是哺乳类动物学习生存的第一步。同时这种行为方式也是哺乳类动物所需的一种减压方式。

玩是必需品还是奢侈品?

有些家长对孩子玩游戏持负面态度。这种负面态度可能是由于家长的身心状态不佳造成的,他们对孩子玩游戏感到厌烦,尤其在孩子不按家长规定的方式玩时,或者当孩子提出过多要求的时候。另外,有些家长误认为玩游戏只是在"游乐场"玩或只是在约定的"欢乐时间"玩。其实玩游戏可以出现在任何时间和任何地点。另外,有些家长误认为玩游戏是与学习对立的,是不务正业。还有些家长很难放下作为控制者的架子。过分关注玩的技巧、结果,而不能专注于游戏的过程和享受其中。

玩是孩子的天职,是必需的生命活动。家长陪孩子玩并不是只是"关掉电视、放下手机"那么简单,陪孩子玩也是技术活。如何和孩子玩是家长需要学会的最重要的技能之一。

01 点燃阅读兴趣

 什么是好玩的游戏

一个好玩的游戏应该是怎么样的呢?我们看一下"躲猫猫"这个儿童游戏。提起"躲猫猫",每个孩子都有说不完的回忆,每次成功躲藏，都让孩子获得无比的成就感。孩子几个月大时，家长就可以开始跟他们玩"躲猫猫"。

比如，家长可以给两三个月的小宝宝讲一些与"躲猫猫"相关的低幼绘本，如《猜猜我是谁》。然后开始跟宝宝玩。家长可以先让宝宝看着你，然后一边对宝宝说"找找妈妈在哪儿"，一边捂住自己的脸。然后从指缝儿中看看宝宝在干什么。如果发现宝宝在认真地看着你，就要轻轻地对宝宝说"妈妈在这呢"。然后，放开双手让宝宝再次看到你的笑脸。如果宝宝开心地笑了，就跟宝宝说说话，再轻轻拍拍宝宝，和宝宝进行情感交流。随着孩子年龄增长，躲猫猫游戏可以不断升级，仍然可以是一个好玩的游戏。

四岁的天天因为和妈妈分隔两地，所以与妈妈的感情有点生疏。国庆假期妈妈回到了天天身边，希望好好陪陪孩子。妈妈想起来天天小时候最喜欢和她玩躲猫猫，于是就和他玩起了这个他小时候玩过无数遍的游戏。天天玩游戏时，还是忍不住哈哈大笑，投入到妈妈的怀抱。然后妈妈拿出来一本新书，名叫《躲猫猫大王》。天天好奇地看了看，土黄色的封面背景，就像在牛皮纸上绘制的一样，给人一种厚重的回忆感。

这个故事讲述小勇和小伙伴们玩"躲猫猫"的故事。玩"躲猫猫"时，小勇总是第一个被抓到。后来有一次，作者教他钻进柴堆、爬上门头，都没有被抓到，于是他赢得了"躲猫猫大王"的称号。但之后他就很少赢过。后来，小伙伴们都上学了，小勇却没上，他因为还分不清一块和十块，被爷爷留在家里。一天，爷爷过世了，小勇的爸爸要接走小勇。但一大早小勇就不见了。大家到处找啊找啊，就是没找着。最后大家齐喊："小勇，你出来吧，算你赢了。"小勇从油菜花地走出来，跟他的爸爸走了，他的身后响起："小勇，你是躲猫猫

第九章 以游戏化的形式丰富亲子共读

大王!"

天天问妈妈:"我是躲猫猫大王吗?"妈妈哈哈大笑说:"我们天天也是躲猫猫大王。"然后,妈妈抱着天天说:"宝贝,妈妈虽然有时候不能守在你的身边,但是妈妈永远爱你。"

"躲猫猫"这个游戏虽然简单,却深受不同文化背景的儿童所喜爱。通过观察这个游戏的特点,我们可以了解什么才是一个好的游戏:有趣的、互动的、流畅的、富于想象的、接纳他人的,而且不带攻击性和破坏性。家长也可以根据这样的思路来使阅读活动游戏化。

游戏化阅读具有两个方面的好处:一是**还原家长的天性直觉**,让家长学会在阅读中肯定孩子爱玩的天性;二是**还原家长的引导地位**,让家长学会引导孩子如何在阅读中去玩。寓教于乐,何乐而不为呢?

 游戏丰富阅读的形式

在亲子共读时,家长可以使阅读与游戏相结合。此时的游戏是为阅读服务的,目的是通过游戏来培养孩子的阅读兴趣和阅读习惯。借助游戏的有趣互动,吸引孩子的注意力,让孩子获得愉悦的阅读感受。同时,在游戏中,家长也可以加入阅读的元素,使游戏内容变得更加丰富,不仅有利于孩子的智力发展,还可以起到阅读启蒙的效果。需要注意的是,游戏化阅读始终是以阅读为最终目的,不能顾此失彼,不要在游戏中忘记了亲子共读的初心。

一岁的健健每次洗澡时都有点不耐烦,哭闹着想跳出澡盆。于是,妈妈就把一本洗澡书放到他的澡盆里,健健很喜欢玩洗澡书,妈妈洗澡的工作变得轻松多了。但后来妈妈发现,健健只把洗澡书当玩具玩,还不知道那是一本有故事情节的书。于是,妈妈在给孩子洗澡前，和孩子一起读了一遍这个短短的洗澡书绘本《小兔彼得》：淘气可爱的小兔彼得，趁妈妈刚离开，就跑到菜地里偷吃菜，结果被人发现了，拼命逃跑，连衣服都丢了。回家后彼得躲在被子里，不敢见妈妈。

妈妈希望充分发挥这本洗澡书的阅读启蒙作用，经常一边给健健洗澡，一边读给他听。后来，妈妈还专门把几个防水玩偶如小兔子、胡萝卜也放进澡盆里。妈妈在讲故事的同时，健健就可以拿着玩偶表演故事里的情景。这样一来，健健不仅洗澡时超级配合，而且对看书听故事的阅读形式也逐渐接受并熟悉了。

游戏化阅读可以采用多种游戏形式，以下是三种主要的游戏化阅读形式：

第一种是**感觉运动游戏**，指徒手游戏或重复地操作书本之类的游戏，比如孩子喜欢翻弄立体书的翻页，根据书中图画和内容来做动作，这都是孩子阅读探索的表现。

第二种是**象征性游戏**，指孩子通过使用替代物并且角色扮演的方式，模仿故事情境的一种游戏。比如孩子利用手偶来表演绘本里的故事角色，演绎不同的故事结局。

第三种是**逻辑推理游戏**，指孩子钻研图书中的逻辑关系，开始思考和推理。

 发挥不同图书的特性

有些书是自带玩具功能的，从视觉、听觉、触觉、嗅觉等多种感觉通道来吸引孩子的注意力。比如布画书、立体书、翻翻书、有声书、触摸书、洞洞书等。兴趣是培养孩子阅读习惯的前提，也是孩子探究事物的最大动力。根据图书的不同特性，游戏化阅读可以采取多种形式。

家长应该根据孩子的年龄和特点，决定阅读中的游戏形式。比如逻辑推理类图书及对应游戏，更加适合年龄较大、认知能力较强的孩子。例如，很多孩子都喜欢《父与子》这个系列的图画书。《父与子》中生动幽默的小故事均取材于作者卜劳恩日常生活中的真实体验，是卜劳恩与儿子克里斯蒂安的生活写照。这套书除了故事名称，并没有任何文字说明。孩子要理解图画的故事情节，完全要依靠图画之间的关系进行判断推理，就像一个个推理小游戏。家长可以在阅读过程中引导孩子不断深入揣摩人物内心，利用有趣的逻辑推理游戏，训练孩子的表达能力和想象能力。

孩子眼中的世界和成人所看到的并不一样，一些看似平常的事情，在孩子眼里却是新奇而有趣的。家长也需要在游戏化阅读中学会幽默的表达方式。通过游戏的趣味性，化解亲子阅读中出现的冲突。尤其是游戏所带来的幽默感，能够让亲子共读变得更加享受。例如，家长可以把孩子在亲子共读中无法容忍的请求变成一个游戏，比如假装不相信地说："你能坚持读完这本书之后再吃甜点吗？我确实难以相信。"然后继续沿着这个主题来做游戏，孩子可能也会加入自己的幽默感，从而以一种游戏的方式学会什么是允许的，什么不被允许。

5岁的念念对看书不太感兴趣。爸爸这天带回来一本充满幽默感的绘本，叫《不要再笑了，裘裘》，父女俩阅读时笑翻了天。故事中负鼠妈妈担心儿子不会装死（这可能意味着他失去了让自己生存下去的必要能力），于是妈妈以馅饼为诱饵教儿子学习装死。可是，对于小负鼠裘裘来说，世界上没有一件事情不是好笑的，包括装死在内。妈妈假扮成狐狸，在他身上闻来闻去，这是多么好笑的一件事！妈妈假扮成狼,用爪子去戳他,弄得他好痒,这又是多么好笑的一件事情!妈妈扮成一只可怕的野猫,把他拎起来晃,这简直太有趣了。为什么裘裘会觉得好笑呢?因为那是妈妈呀。裘裘很清楚,妈妈是绝对不会伤害他的,不管她扮作狐狸还是饿狼,对于裘裘来说,都是世界上最亲的妈妈。整个过程,不过是一个游戏。而忍不住发笑、学不会装死的后果,只不过是没有馅饼吃而已。

可是有一天,一只真正凶恶的大熊出现了,而爱笑的裘裘,那时还没有学会装死。怎么办?出人意料的是,在这紧要当口,裘裘表现得十分出色,不管大熊是闻他,还是戳他,甚至把他拎起来晃,他都一动不动,像是真的死了一样。这下,大熊该走了吧?可是他没有,他居然哭了!原来大熊是专程来找裘裘,希望裘裘能够逗他笑的。这只可怜的熊长到现在还没有学会笑。善良的裘裘听到这里,当然就"活"了过来,他告诉大熊,很多事情都很好笑,比如,现在发生的这件事情就很好笑啊!然后,他忍不住又笑了起来。大熊跟着也笑了起来,在场的所有动物都笑了起来。

父女俩觉得这个故事结局十分圆满:裘裘学会了装死,大熊学会了笑。一个学到了最基本的生存技巧,一个学会了如何体验人生最美妙的情感。于是,念念和爸爸也玩起了"装死"的游戏,差点儿笑翻在地。

 弱化失败的压力

有些家长在孩子快要上小学之前,临时抱佛脚逼着孩子多看书,希望孩子多认识一些字,并且快速形成阅读的习惯,以便尽快幼小衔接,适应小学的学习节奏和要求。但是,当孩子感到压力太大时,**这种目的性太强的学习反而不利于培养学习兴趣**。所以,家长可以在亲子共读中加入一些非竞争性的游戏，淡化孩子在阅读和学习中的成败得失，引导孩子把阅读和学习看作是一种玩耍或者消遣，是亲子一起放松的互动活动。重点是点燃孩子阅读的热情，弱化失败的压力。这个引导过程，家长需要特别有侦察力，判断孩子究竟是真的不感兴趣了，还是仅仅由于过于看重成败而感到缺乏控制感，因此想要放弃。

暑期妈妈带六岁的达达去上游泳课。可是自从上完第一节课之后，达达就不想再去上游泳课了。虽然妈妈软硬兼施、好说歹说之后拉着达达继续上后面的游泳课，但是达达一直都没学会游泳，妈妈非常着急。达达可能感觉到学游泳的外部压力太大，闹着说对游泳不感兴趣。最后，妈妈都放弃了，不再逼着达达上游泳课。后来在一次旅行的时候，妈妈让达达和几个同行的小朋友在酒店泳池的浅水区戴着泳圈戏水。结果，达达很快就跟着其他小朋友学会了换气和踢水，虽然还没有掌握标准的游泳动作，但是他已经能在水里扑腾一段距离了，更重要的是水感也好了很多。

达达妈妈突然明白：如果孩子在游戏中学习，那么孩子更有信心，学习效果也会更好。于是，妈妈在亲子共读中也加入了很多游戏的成分，通过游戏化阅读来引导原来不怎么爱看书的达达。

02 打破情感僵局

情感破冰

有时候，家长会发现孩子好像对自己的态度冷漠了，似乎有些心事却没有说出来。家长想要问清楚，孩子却没有回应。这时候家长应该重视这种预警信号,观察孩子是否遇到了什么挫折,从而主动打破这种情感僵局。幸好,即使出现这些预警信号,孩子还是会给家长提供很多机会,家长要把孩子的冷漠或攻击,理解为孩子对爱和关注的呼唤。

家长可以通过游戏化的阅读,打开孩子的情感大门。一个比较好的破冰游戏就是,以绘本里的情节或角色为基础,进行模仿和角色扮演,以快速拉近亲子之间的距离。

最近三岁的资资在家常常表情严肃,也不喜欢和人说话,只是一个人在房间里玩布娃娃。妈妈担心资资在幼儿园遇到了什么困难,于是找来资资小时候经常看的一本绘本《小熊的哈欠》,作为睡前故事,希望这本熟悉的书能重新拉近母女俩的感情。

故事中的小熊总爱打哈欠,"啊呵呵呵……"小熊问:"妈妈,我的哈欠跑到哪里去了?"妈妈说哈欠给别人帮忙去了。小熊追问:"去了哪里?"小熊妈妈开始讲述,哈欠去了狐狸家,帮助狐狸宝宝睡觉,去了小兔子家、老鼠家、蜜蜂家帮助他们睡觉。小熊听了很得意。小熊听了妈妈介绍哈欠的作用,很好奇。第二天就开始边走边打哈欠,想挨家看看自己的哈欠是怎么帮助那些小动物们睡觉的,结果大失所望,没精打采地回到家,质问妈妈,结果小熊很快睡意袭来,打了四个哈欠,哈欠全飞走了。这时小动物们真的都入睡了。

这时候资资正好也打了个哈欠,妈妈也学着资资的样子打了个哈欠,资资觉得很搞笑,接着像小熊一样连打了四个哈欠,妈妈也学着资资的样子连打了四个哈欠。资资这时候忍不住大笑起来。

 妙用手指游戏

家长可以在孩子手指上画人物或小动物的形象,然后结合绘本的内容和孩子一起玩。除了在手指上画画外,还可以给手指做个小帽子,或穿条小裙子,让手指人或者手指动物更加逼真,以增加孩子的兴趣和吸引孩子的注意力。家长还可以和孩子利用一些折纸和彩笔制作出简单的玩偶。玩手指玩偶时,眼睛要跟着看,嘴巴要跟着说,小手还要跟着动,可以有效培养孩子的专注力和协调能力,还可以增加亲子之间的互动趣味。

比如在讲《棕色的熊,棕色的熊》的时候,家长可以在孩子的每根手指上用不同的颜色画上各个小动物的样子,比如棕色的熊、红色的鸟、黄色的鸭、蓝色的马、绿色的青蛙等。然后用手指来玩几个小动物依次出场的游戏,每一只动物出场,就让对应的那只手指立起来。每只动物离场,就让对应的那只手指放下来。这个游戏看着简单,其实对于小孩子的手部肌肉是很好的锻炼,可以让孩子逐渐熟练操作手指,而且也能加深孩子对故事内容的理解。对于每个手指上的小动物角色,还可以鼓励孩子通过动作、节奏、声音、语言等方式去模拟、演绎它们的特征,丰富孩子的认知。

 游戏中的自导自演

家长可以先准备好绘本中相关角色的玩偶和道具,然后和孩子一起把绘本的内容表演出来。比如,和孩子一起讨论场景如何布置,角色如何分配,何时出场,台词是什么。家长可以鼓励孩子突破绘本原有的内容,进行大胆的改变。也可以让孩子为书本故事增加"前传"或者"后传"。在某种意义上,孩子就是绘本剧的小导演,可以尽情发挥,想怎么演就怎么演。

家长在这过程中要做的是,为孩子的导演工作提供支持和帮助。当孩子遇到难题的时候,家长适当地提供帮助,但是不要直接替孩子包办，因为孩子才是导演。另外，孩子在做导演的过程中，对书本内容的理解会更加深入。在自导自演游戏中，孩子通过语言、动作、感受、表情、服装以及场景等进入故事的世界，多感官的体验为理解故事内容和人物角色提供了新的渠道。孩子也可以在排练、表演中放慢自己在阅读中的进程，让自己重游于故事中有疑问的地方。另外，家长的参与，新想法和新元素的注入，也会推进孩子对故事的理解并且增加了反馈。

四岁的轩轩暑假参加了一个英语全天托管班，可能由于不适应新环境，中午常常睡不着觉。妈妈注意到轩轩放学回家后情绪很暴躁，一点事情不顺心就难以平静，经常大吼大叫。经过和老师的沟通，轩轩的午睡质量有所提升，但是吼叫的行为还是没好转。为此，老师推荐他们读《声音不是用来喊叫的》。这是"美国经典行为养成绘本"系列中的一本，以简单清晰的语言，轻松可爱的绘画风格，温暖而有活力的色彩表达受到孩子们的喜爱。

但是，轩轩妈妈发现，当读到"请你用轻柔的声音，这样别人才能清楚地听到你说的每一个字，而不是只听见你的喊叫"这部分文字的时候，轩轩表示很困惑，不理解，很快就走神了。妈妈想了一个办法，让轩轩表演不同的声音，并且演绎不同声音所产生的影响。轩轩特别喜欢这个自导自演的游戏。

然后，轩轩表演"很生气，所以非常希望自己的声音被别人听到"的情节。他指挥妈妈拿来一些积木，然后自己先用积木建起一个高塔，假装不小心弄倒了高塔，此时轩轩做出生气的表情，握紧双手说："气死我了，我不想玩积木了！"轩轩示意妈妈捂住耳朵，表演很不舒服的样子。然后妈妈就引导轩轩："你用温柔的声音再说一次。"这时候，轩轩就又用积木建起一个高塔，然后推倒高塔，吸了一口气对妈妈说:"我很生气,请妈妈来帮帮我。"于是妈妈就配合着说:"谢谢你用语言来表达自己的感受,妈妈很愿意帮助你。"这时轩轩露出了发自内心的微笑。

通过这种自导自演的游戏活动,家长只需多加鼓励和支持,就可以打开孩子的心扉。在适当的时机,只要巧妙地点拨几句,侧面地给予孩子指导,就能起到"四两拨千斤"的作用。

03 协助设置边界

有时候我们在儿童图书馆里可以观察到,有些孩子在那里喧哗打闹、吃东西、大声聊天,甚至把一大堆图书抽出来,又不放回到指定的位置,严重地影响了其他读者的阅读。他们的家长认为孩子还小,还不懂得规矩,对孩子的行为放任不管,或者对于如何给孩子设置边界无从着手。

 为什么孩子需要边界?

诚然,亲子共读最好的状态是孩子快乐地阅读。快乐离不开玩,有地方玩、有东西玩、有时间玩、有自由玩、家长和孩子一起玩。如果家长能够在阅读中给孩子带来愉快的游戏体验,那么亲子共读就成功了一半。但是,游戏化阅读并不意味着家长要一味满足孩子的需求,不给孩子设置边界。亲子阅读和其他形式的亲子互动一样,都是让家长在和谐的亲子关系中给孩子做出引导,并且给孩子设置边界。所以,亲子共读离不开规则和边界。

父母给孩子立规矩要遵循 3D 原则：Dangerous，Disruptive，Destructive，即**危险性、干扰性以及破坏性行为是不可接受的**，除此之外，孩子是自由的。如果在亲子共读中，做出一些危害自己或他人身心健康和行为，或者干扰亲子共读过程和秩序，或者对图书馆、图书或其他相关设施造成了破坏，那么家长就应该温柔而坚定地对孩子进行管教。

诚然，设定边界可能是养育孩子过程中最困难的一部分。一些家长在成长过程中曾经被一些不必要的边界所束缚或者操纵，所以他们也许发誓不再沿用同样的方式对待自己的孩子。但是，合理的边界不全是对孩子的约束和限制，还可以帮助孩子获得更广阔的自由。

边界就像一条河流的河岸。如果没有河岸，河水就会肆意蔓延，淹没平原。河岸能够疏导水流汇入大海。在生活中，如果孩子能够预期什么事将要发生时，整个人的状态就会比较放松。当孩子学会为自己所关爱的人控制行为的时候，就会由衷地感到自豪。而且，当孩子知道人人都会遇到不可避免的限制时，孩子将学会与自己脆弱的情绪和平相处，孩子将会成为有韧性、有勇气的人。所以，作为家长应该帮助孩子学会尊重边界，遵守规则。

 何时开始设置边界？

其实，设置边界并没有具体的年龄限制，在跟孩子从小进行亲子共读时，就可以引入边界。对于年纪较小的孩子，家长可以逐渐让孩子在阅读中明白什么是规则。比如说洗澡书具有撕不烂、不伤手、不怕脏、柔软无毒的特点。如果孩子想啃咬一下洗澡书，家长也不用太担心。当孩子试图啃咬普通纸质书的时候，家长就会担心影响孩子的健康，同时也会心疼精美的书籍。这时候，家长就要给孩子立下规矩，从小让孩子树立爱护书籍的意识。

又比如嗅觉书，家长最好提前找到暗藏的嗅觉要点，在阅读中指点孩子用手指去摩擦发出气味的部分。再比如有声书，家长可以带着孩子先读一遍，并带着孩子按压可以发出声响的部分，让孩子明白声音的出处，了解阅读内容与声响的关系时，然后就可以比较顺利地进行亲子共读了。总之，在阅读中要让孩子逐渐明白一个道理：凡事都是有规律、有规则的。

 如何设置边界？

家长如何在游戏化阅读中给孩子设置边界呢？比如，如果孩子执意要撕书，那怎么办呢？

第一，**清晰且坚定**地告知孩子，书是不能拿来撕的，妈妈或爸爸不喜欢宝宝把书撕烂。说话的时候，家长肯定的语气是要传递力量的，表明自己相信孩子有力量去克服困难，控制自我，按照爸爸妈妈的要求去做好。

第二，家长需要**冷静而不是冷漠**。如果家长大发雷霆，会让孩子把负面情绪与阅读连接起来，打击了孩子日后的阅读兴趣。保持冷静，可以让孩子清晰地明白规则的重要性，接受每个人都必须尊重的边界，而不是迫于家长的权威而不情愿地顺从。

第三，可以给出一个**替代方案**，这个方案需要是既不造成破坏也不伤害任何人的。冷静并不代表冷酷和冷漠，家长还是应该理解孩子的内心世界，比如孩子希望通过撕烂东西这个手部动作来探索世界，那么家长就要想办法满足他的这个需求。针对年龄较小的孩子，可以准备一些过期的报纸、纸袋或干净的面巾纸等材料，让孩子感受撕纸的乐趣，同时明确哪些是可以撕的，哪些是不可以撕的。

 选对战场

一个有智慧的家长应该选对"战场"。在亲子共读过程中,如果家长事无巨细地纠正孩子的行为,给孩子提出太多的条条框框,那么孩子很可能满耳朵只听见"不可以,不可以"的声音。如果在"没有权限的地方宣布主权",家长只会变得软弱无能,在挫败感和无力感的刺激下,就会变得更加冲动和好斗。在一次亲子共读中,家长最好只制定一条规矩,等孩子比较接受并且遵守这一条规矩之后,再提出另外的规矩。这样循序渐进的方式,更符合孩子的认知发展特点。

如果可能的话,家长要尽量说"可以"。让孩子在安全的环境下去探索、接触、尝试不同的阅读内容和形式。家长要学会用正面的话语来表达自己所制定的阅读规矩,不要说"不要撕书",而要说"爱护图书"。不要说"不要躺着看书",而要说"坐在椅子上看书"。

 设置边界的两种方式

在亲子共读中设置边界的方式可以分为两种:普通式和适应式。普通的设置边界方式包括转移注意力、提供选择、说明理由这三种方法(见下面的举例)。这三种设置边界的方式是家长经常使用的。但是,如果家长一直使用转移注意力、提供选择、说明理由这类普通的边界设置方法,可能使孩子的情绪受到压抑,不利于其情绪的自由表达。因此家长在恰当的时候,也可以使用适应式的边界设置方法,也就是让孩子感受内心的脆弱,使孩子的内心变得更有弹性。

两岁半的冲冲在图书馆的桌子上拿了一本字多画少的章节书,妈妈觉得以冲冲的理解能力,还不适合看这本书。于是冲冲妈妈就去书

架拿了另一本书,试图转移孩子的注意力(转移注意力的方法)。但是,冲冲并没有因此而忘记自己选的那本书。于是妈妈就对冲冲说:"宝贝,你想让妈妈读这边的绘本,还是那边的韵律书?"她想通过提供两个自己可以接受的选项,来避免孩子坚持要看章节书(提供选择的方法)的行为。可是,冲冲转头仍然看着自己手上的那本章节书。于是,妈妈继续跟冲冲说:"孩子,你还小,这本书字太多了,我们还是换一本书吧。"冲冲妈妈希望通过耐心地跟孩子讲道理,孩子能够自我控制并做出明智的决定(说明理由的方法)。但是冲冲坚定地说:"冲冲不小,冲冲要看这个。"妈妈感到很无奈,只好顺从孩子的想法。

适应式边界设置法,就是让孩子慢下来,感受内心的脆弱,然后在这个过程中发生改变,内心变得更有弹性。家长要用最少的语言,直切重点,避免卷入争辩。比如用坚定而清晰的语言,既表达同情,也坚持边界。另外,家长还要成为一个任由孩子哭泣的安全港湾。比如在以上的例子中,冲冲妈妈可以蹲下来,面对冲冲,温柔而坚定地说:"冲冲,这本书还不适合我们,妈妈带你去选另一本书吧。"然后妈妈就带着孩子去绘本区选书。这时候孩子可能会哭起来,家长可以在不影响其他读者的情况下(比如带孩子去休息区),允许孩子痛快地大哭一场。情绪的表达可以缓解紧张,焦虑的孩子会冷静下来,好斗的孩子会放弃攻击。

当然,也可以尝试和孩子一起读他选择的那本书,在阅读过程中,孩子自然会感受到那本书并不适合自己。

 提高心理韧性

让孩子哭出来,哭完之后再鼓励孩子表达自己的想法,能增强他适应环境的能力，并且也提高他的心理韧性。没有孩子能完全躲避得了逆境，他在生命历程中，必然会经历一些挑战。漫漫人生路，家长只能在有限的场合里，帮助孩子转移注意力或者提供另外的选项，最终孩子还是要直面挫折。对于孩子来说，更需要提升的是独立面对各种挑战的能力。所以，家长应该有意识地培养孩子的心理韧性。

　　心理韧性是指个人面对危机或困境时，能够积极应对和建设性处理的能力。心理韧性的核心因素在于复原，即重新回到压力事件之前所具有的能够适应和胜任的行为模式。强大的心理韧性可以让我们在遭遇逆境和危机时，有能力通过个人与环境的积极互动，找到克服困难、战胜危机的资源与办法，保证我们依然积极生存、健康发展。而亲子共读，尤其是加入了一些游戏成分的亲子共读，可以让孩子在读书的同时积累心理资源，增强心理韧性。

第十章
以戏剧化的表达深化亲子共读

作为家长，我们都希望自己的孩子快乐、健康。实际上什么东西可以让人快乐和健康呢？美国哈佛大学研究者从1938年开始追踪了724人，从被研究者十多岁开始，一直追踪到九十岁左右，整个研究过程长达75年时间，至今仍有60人在世并且继续参加研究。期间每隔两年，研究者就会对他们的工作、家庭生活、身心健康等状况进行调查。研究者甚至访问了他们的孩子（刚开始的724人现在已经有了2000多名子孙后代），并在他们和妻子讨论共同深切关心的话题时进行录像和分析。这个宝贵的长期追踪研究结果表明：能保证人快乐和健康的因素，是人际关系，而不是财富、名誉和努力。良好的人际关系对身心都有好处。孤独的人，健康状况更差，记忆力没那么好，也没那么长寿。所以，家长作为孩子的第一任老师，应该让孩子掌握良好的人际交往技能。

人际交往能力中最重要的一点，就是让孩子学会表达和理解他人的心理状态。在亲子共读中，家长可以通过戏剧化的表达方式，鼓励孩子编织故事情节，处理戏剧冲突，创造感人的舞台效果，借助戏剧化表达描述和理解他人的心理状态，与别人共情。同时提高自己的情绪调节能力。

有些家长把表演误以为是制度化、职业化、娱乐化的互动形式。但是，正如莎士比亚所说的："人生是一个大舞台。"也许生活就是一部美妙的戏剧，不在别的地方，也不在别的时间，而是现在正在进行着的、也将永远继续下去的生活的全部。因此，家长可以借助亲子共读中的故事场景和人物，激发孩子的表演天赋，鼓励孩子进行戏剧化的表达。

01 使用心理状态类语言

 增加心理状态语言

儿童早期的人际关系质量与儿童使用心理状态语言的能力有着密切的联系。心理状态语言包括**情绪状态语言**（如开心、伤心）、**行为状态语言**（如笑、哭）、**认知状态语言**（如知道、忘记）、**愿望状态语言**（如想要、希望），**感知状态语言**（如看见、听到），以及**生理感受状态语言**（如饿、渴）这几类。比如，一个五岁的女孩问前来接她放学的爸爸："我能买这个玩具吗？我能吃这个糖吗？回家我能看电视吗？我妈妈说能。"这反映出这个男孩能觉察到妈妈和奶奶的心理，甚至试图"操纵"他人的心理。如果我们能理解别人的心理状态，知道别人在不同情况下是怎么想的，别人想要什么，那么就能减少社交冲突，即使有冲突，我们也能积极地解决。

母亲与儿童的日常互动中使用心理状态语言的频率，与儿童理解他人心理状态的能力有很大关系。很多家长在亲子对话中谈论心理状态相对较少。比如某个小男孩在图书馆里看书时很调皮，妈妈跟他说："你如果再这么做，别人就不跟你玩了，我也不理你了。"这位妈妈只是对外在行为或者规则进行了描述，没有谈论内在的情绪感受。其实，家长可以直接跟孩子谈论心理状态。比如这位妈妈可以冷静地对孩子说："你要这么做的话，妈妈会感到很伤心。"这样的沟通可以让孩子更直接地理解别人的心理状态，帮助孩子体会他人的内心感受。

 讨论人物感受

研究表明，成年人读有丰富故事情节的小说，有利于理解他人的心理状态。因为小说情节复杂，读者需要琢磨角色之间的人际关系，从而发展出理解他人心理状态的能力，并促进读者用心理状态语言描述别人。同样，如果家长在亲子共读当中能和孩子多看一些人物关系复杂的故事书，并和孩子多使用心理状态语言讨论人物感受，那么孩子就能形成比较好的理解能力和社交能力。

三岁的波波在家里脾气暴躁，但他马上要上幼儿园了，妈妈想提升他管理情绪的能力，于是选了一本有关情绪管理的绘本，叫《小獾今早心情不好》。故事中，脾气暴躁的小獾对他遇到的每一只动物都怒言相向，四处传播坏情绪，希望引起他人的关注。怒气逐渐消散后，小獾发现由于自己先前恶劣的态度，所有动物都对他恶脸相向。为了表示歉意，他在画眉鸟的帮助下举办了一场派对。

在派对上，小獾郑重地向大家道歉。动物们都原谅了小獾，恢复了往常的欢声笑语。脾气暴躁的小獾，用诚恳的态度展现歉意，用直率的言语打动了其他动物。于是动物们的怒气烟消云散，并报以温暖的笑容。

妈妈指着微笑着的小獾说："这只小獾在微笑。你认为他开心吗?"波波说:"开心。"然后,妈妈又翻到小獾四处向朋友们宣泄负面情绪的画面。妈妈指着愤怒的小獾说:"这时候小獾在微笑吗?你觉得他开心吗?"波波说,"他不开心,他没有笑。"妈妈问:"你认为小獾有什么感受?"波波说:"我不知道。"妈妈努力保持着耐心和愉快的态度,问:"是开心,还是生气?"同时先后做出一个开心的表情和一个夸张的生气表情,波波笑着回答:"生气。"

 培养同理心

  同理心,是人类拥有的一种特别伟大的能力。拥有了同理心,就能体会别人的感觉、感情和感受,知晓对方行动的欲望和倾向,了解对方的一些想法,推断对方的心理活动。比如,孩子在吃饼干,妈妈看了他一眼,孩子就会停下来问一句:"妈妈,你也想吃饼干吗?"这样的分享行为,就是同理心的表现。在进化过程中,人类仅依靠自己单打独斗很难战胜那些比自己强大的野兽。只有团结合作,同心协力,才有可能打败天敌并得以生存繁衍。这种合作就需要理解同伴的感受、想法、意图,需要同理心。而阅读小说、诗歌等文学作品就有可能提升我们的同理心,使我们能替他人担心、为他人感到快乐。人在做一件事情(比如自己在吃饭)时的神经活动,与看见别人做同样事情(比如看着别人在吃饭)时的神经元活动是重合的,就像我们在神经层面上镜像了对方的心理活动,这就是同理心的神经生理基础。

  其实,我们常有选择地理解他人的感受。面对那些看起来像我们或者我们喜欢的人,更容易有比较强烈的同理心。而面对那些跟我们在外貌、文化等方面很不相同的人,则难以对他们的感受产生共情。家长可以通过亲子共读培养孩子的同理心。在亲子共读中,孩子无须亲自尝遍各种各样的生活,也能从阅读中感受到书中人物的情感变化、波折和升华,这样的一种心理体验给孩子带来快乐,让孩子获得幸福感。

　　一天妈妈接三岁的丝丝放学回家。正在等待过马路时,丝丝发现一个盲人拉着导盲犬也准备过马路。丝丝指着那个盲人,好奇地大喊:"妈妈,那个人的眼睛怎么啦?"丝丝这么一喊,引得其他路人也纷纷向那位盲人望去。妈妈感到场面非常尴尬。妈妈担心孩子的无礼会在盲人心理上又刺一刀,令对方难堪。于是她们匆匆穿过马路回家了。

　　后来妈妈借着与丝丝共读《轮椅是我的脚》那本绘本时,与丝丝又深入讨论了如何对待残疾人的话题。

　　故事中的玛姬是个身有残障的小女孩,这天,玛姬独自去超市买东西。她坐着轮椅熟练地出了家门。路过游乐场时,她羡慕自由玩耍的孩子,还看到一个胖男孩被那些调皮的孩子嘲笑。人行道上有很多人等红绿灯。有些陌生人用好奇的眼神跟玛姬打招呼。一位小女孩指着轮椅问玛姬:"这是什么东西呀?"妈妈很生气地把小女孩推到一边:"这种事不可以乱问。"绿灯一亮,大家就急着往前走,玛姬推着轮椅下斜坡,很快穿越马路,要上人行道。可人行道的台阶太高,还好,刚才那个胖男孩看到了,过来帮忙。然后一位老人同情地问:"你发生了什么事?"玛姬正打算跟他讲人行道台阶的事,没想到老人家大声叹口气说:"年纪这么小就这么可怜。"在超市里,玛姬刚想拿牛奶,就有店员帮她拿过来。她心想:"我又没有请他帮忙!"她刚想拿苹果,也有人帮忙。玛姬很不开心:"我想跟别人一样自己挑苹果,为什么大家都用异样的态度对待我呢?"玛姬躲在巧克力和饼干区哭。"不要难过,"突然那个帮过他的胖男孩出现了,并对她说,"大家都把我当成最笨的人!而你,因为坐轮椅,很特别!"

妈妈讲完这个故事，就对丝丝说："玛姬面对别人关注时会有较强烈的心理反应。其他人的好奇与嘲笑会让她感到难过。他们的同情、怜悯、回避，也会让她的自尊心受挫。她可能也不喜欢别人未经她同意就主动提供帮助。"

02 亲子共同叙述

 词汇量影响社会阶层

词汇量因其所关联的知识和认知体系会影响一个人的社会阶层。美国堪萨斯大学的心理学家曾经做过一项历时三年多的研究。研究者根据家庭收入的不同选取了美国堪萨斯州的若干家庭作为调查对象，考察父母在孩子语言启蒙期（8个月到4岁）的重要性。家庭的阶层按照经济收入不同分为：低收入阶层、工薪阶层和高收入阶层。研究者录音记录了孩子和家人在家里所说的每一个词，详细记录了家长与孩子的对话，以及孩子通过其他方式（如聊天和讲故事）的聆听输入量，然后统计分析结果，由此诞生了一个名叫"三千万单词差距"的理论（Thirty Million Words Gap）。截至4岁，美国低收入阶层的孩子平均接受1300万个单词，而高收入阶层的孩子平均接受4500万个单词，中间有3000万的差距。也就是说不同阶层的孩子在幼儿阶段的词汇量就已经有了很大的差距，这种差距也叫作"**词汇鸿沟**"。词汇量和社会阶层搭建是个循环的过程：丰富的词汇量会让人思维更敏捷，有更大词汇量的孩子能创造更多的财富和更有品质的生活。

丰富叙述的情景

在亲子共读中,家长可以鼓励孩子叙述书中故事,自己从旁补充和拓展,以提高孩子的语言表达能力。比如爸爸给孩子读了一本新书,妈妈没有读过,妈妈就可以邀请孩子介绍这本新书的内容。孩子一般也很乐于进行这样的亲子讨论,因为孩子希望妈妈也能像自己一样了解这本书的内容。孩子可能会说:"我最近和爸爸读的这本书真是棒极了,你读过吗?"妈妈就可以非常感兴趣且好奇地说:"我没有读过这本书,你能给妈妈讲一讲吗?"这种亲子讨论一般倾向于描述故事情节。然后家长可以引导孩子深入谈论自己喜欢或不喜欢的部分,比如情节、主角性格、背景设定,以及整个故事的呈现手法。

亲子讨论是通过"你一言我一语"的方式逐步展开的。家长要多鼓励孩子讲述书中的故事和表达自己的想法。不同家庭成员可能对同一本书的认识有所不同,一个再简单不过的故事,也可能有多种解读。所以,家长在进行阅读讨论时,没有必要一直认同孩子的观点,不敢表达自己的想法。当家长真诚地表达自己对某本书的看法时,孩子也能从中学会更好地组织和表达自己的观点。

亲子共同叙述一本书的时候,家长可以采取以下策略引导孩子更丰富地展开叙述。

一是**提问**的策略,通过提出问题来激发孩子的表达欲望。当孩子给家长叙述一本自己看过的书时,家长可以好奇地向孩子发问,鼓励孩子叙述一些书中情节。

二是**应答**的策略,对孩子发起的对话及时回应。孩子的一个眼神或者一句话,也许就是他们发起交流的信号。家长要敏锐地捕捉到这些信号,鼓励孩子积极叙述、参与思考。

三是**反馈**的策略，对孩子叙述的故事给予肯定或评价。孩子还没有形成内在的自我认识和自我评价。他们的自我认识和自我评价都依赖于别人，尤其是父母对他们的反馈。家长如果给孩子正面的反馈，不仅可以增强孩子的自信心，而且可以增进孩子对阅读和叙述的热情。家长要善于捕捉孩子在叙述故事时表现出来的优势，帮助孩子认识到自己的优点和天赋。

四是**扩展**的策略，鼓励孩子在掌握原有文字的基础上，叙述时增加一些词汇或语句，使故事更加生动，情节更加完整。孩子在这样的叙述中拓展积累词汇，提高叙述能力。此外，家长还可以让孩子联想与所阅读故事相关的个人经历和体验，让孩子叙述相似的个人故事。

今天幼儿园老师给四岁的圆圆读了一本绘本《玛蒂娜做家务》。放学回家后，圆圆迫不及待地给妈妈讲这本书。妈妈好奇地问："玛蒂娜这么厉害，都能帮忙做家务啦？"圆圆笑着说："是呀，正好是母亲节，妈妈出门了，玛蒂娜和弟弟让在家里觉得有些无聊，就帮妈妈做家务。"妈妈问："他们都做些什么家务呢？"圆圆赶紧回答："玛蒂娜先用吸尘器打扫客厅地板，然后清洗厨房地板，还洗衣服、晾衣服呢。"

妈妈说："玛蒂娜做家务还挺顺利的吧？"圆圆摇摇头说："也不是全部都顺利，用吸尘器时，小狗觉得太吵了。清洗厨房地板时，小狗不愿意好好待在凳子上。而且，妈妈，你知道吗？晾衣服时不要忘了用夹子固定一下。因为外面刮着风呢。下雨时，还要赶紧把衣服收回来。真是不容易。"妈妈点点头说："圆圆，你读得真仔细，要认真记住玛蒂娜做家务的方法。"

圆圆兴奋地说："妈妈，老师说马上母亲节就到了，我也要帮妈妈做家务。"妈妈开心地说："好呀,你之前是不是也帮妈妈做过家务呢?"圆圆自豪地说："是呀,上周末我和妈妈一起洗碗,我知道了要把碗多洗几遍,把洗洁精的泡泡全部冲干净。洗洁精泡泡还让碗很滑,那天我差点儿把碗掉水池子里。"妈妈摸摸圆圆的头说："是的,圆圆那天反应还挺快,立刻抓住那只碗。没关系,我们看完玛蒂娜是怎么做家务的,就能学会很多方法,会变得越来越能干。"

 叙述个人相关经历

为了拓宽孩子的叙述范围,家长可以在亲子共读时鼓励孩子叙述与书中故事相似的个人体验,比如在看了有关运动会的书后,可以和孩子一起叙述亲子运动会的个人经历。通过亲子共同叙述,帮助孩子形成自传体记忆。所谓**自传体记忆**,是指一个人对自己先前所经历的生活事件的记忆,包括了事件发生的具体过程、细节和体验感受。自传体记忆与孩子的自我认知、情绪管理、性格养成、人际关系发展等多个方面有着密切的联系。一个人最初的个人记忆通常可以追溯到三岁,此时儿童开始具备记忆一些比较复杂事件的能力,并能将相关的个人经历按照能让人不容易遗忘的叙事结构进行组织。

自传体记忆在孩子日常生活中有着重要的功能。当孩子需要做一个决定,或者遇到一个正待解决的问题,又或者要计划未来的事情时,孩子就可以根据过去的生活经验为自己提供一个指引。此外,当孩子想要更了解一个人,或者更了解自己时,也可以回忆生活中所经历的种种事件,并根据已有的生活体验来判断,感受自己和他人的变化。在亲子共读中,当孩子在阅读他人的经历时,会回忆起自己体验过的相似的事件,并且依据这种经验理解他人,做出相应的情绪反应。

家长和孩子在叙述共同经历时，记忆总是以不同的具体程度存在于我们的脑海里。记忆越具体，能唤起的情绪体验越丰富。当一个人在回忆个人经历时，如果不再能回忆起发生在这个时间内的具体情节，而总是倾向于回忆单一的、重复性的事件，那么就容易出现自传体记忆**过度概括化**的现象。比如孩子只记得上游泳课是很痛苦的，而忘却了具体什么事件让他感到痛苦。当孩子的记忆出现过度概括化时，容易产生心理上的障碍。如果孩子习惯以概括化的方式提取回忆，以减轻事件带来的消极情绪感受（如痛苦、难过、伤心），那么当孩子再次面对挫折时，就更容易采取回避的方式。这不仅会削弱孩子解决问题的能力，也不利于孩子自身的心理健康。

 增加亲子共同回忆

孩子的自传体记忆通常是在亲子共同回忆往事的情境下构建起来的，因而受到父母叙事风格的影响。亲子间的互动，尤其是家长与孩子分享和叙述过去共同经历的事情，不仅能增强家庭亲密度和幸福度，还能通过交流培养孩子的正确行为。此外，家长可以通过亲子共同叙述，帮助孩子更为详细地对自己的记忆进行组织。因此，通过戏剧化表达和亲子共同回忆的结合，家长可以帮助孩子养成良好的自传体记忆习惯，能有效地降低孩子在成长过程中产生自传体记忆过度概括化的可能性，并预防与此相关的心理问题，提高孩子的语言和社交能力。

那么，什么样的亲子共同叙述风格能帮助孩子增强自传体记忆的具体性呢？由于年幼孩子还不能连贯地回忆过去所发生的事情，父母可以在对话过程中为孩子提供丰富的信息和提示，使孩子叙述的组织性和线索性更强，教会孩子进行记忆的搜索和保存。父母的叙述风格详尽、精细，孩子也更容易形成精细、具体的记忆模式。家长应该通过提示或提问的方式引导孩子。另外，家长可以多使用开放性的问题，比如："我们看完《玛蒂娜做家务》之后，你在外婆家做了什么家务？"此外，家长要尽量提供具有时空概念和因果关系的叙述结构（比如，在什么时候，在哪里，因为什么原因，导致什么结果）。

五岁的辰辰最近和妈妈读了一本名叫《勇气》的绘本，辰辰很喜欢这本书的图画。等爸爸回家后，辰辰迫不及待地给他讲这本书。爸爸问辰辰："什么是勇气？"辰辰说："书上说，勇气是刚搬到新的地方，就大方地说你好。勇气是和别人吵架后你先去讲和。"爸爸点点头。辰辰继续说："还有，勇气就是爱它，却不摘它。"爸爸装作困惑地问："为什么爱它却不摘它呢？"辰辰说："因为花很漂亮，但是我们摘了，别人就看不到了，那多可惜呀。"爸爸继续问："那为什么这就是勇气呢？"辰辰想了想说："因为你要控制住自己不去摘花，虽然花实在太美、太香了。"

爸爸摸摸辰辰的后背说："那辰辰也有勇气吗？"辰辰点点头说："我上周六到芳芳家玩时，看到她的芭比娃娃太可爱了，我想把她带回家。但我还是忍住了，把娃娃放回芳芳的床上。因为那不是我的。"爸爸笑着夸奖辰辰。爸爸继续问："你还有其他需要勇气的时候吗？"辰辰说："我有点不想去上游泳课了，老师老让我躺在水面上漂浮，我特别害怕，我需要勇气才能做到。"爸爸就说："那爸爸给你一座山那么大的勇气好吗？"辰辰笑着说："我要地球那么大的勇气。"爸爸说："没问题，我给你太空那么大的勇气。"爸爸张大手臂，比画成太空，然后抱住了辰辰。

03 鼓励创造性演绎

 鼓励即兴表演

家长可以在亲子共读时鼓励孩子演绎书本中的人物，以书作为剧本蓝图，通过即兴创作和自发角色扮演，鼓励孩子的自我表达，从而提高孩子的创造力和表达力。基于绘本的亲子演绎，没有现成或固定的答案，表演具有多样性和丰富性。家长可以提示孩子："故事中的人物正在做什么？请用表情和动作表演出来。"或者说："想象一下这个人物，请像这个人物那样讲话。"这种即兴表演，是对情绪和感受的表现，是创造生活的新形式，将给孩子更多发展和成长的机会。

在亲子演绎过程中，家长和孩子建立了一种合作关系。家长可以给孩子创造一个表演的氛围，比如给孩子提供一些随手可得的道具（如丝巾、纸箱子等），以及一个假装的"舞台"，比如爸妈的大床，或者客厅的大沙发，并提醒孩子此时是在表演，而不是在现实生活里。家长把孩子投射出来的问题、困扰，完全当作剧中的情节、台词来处理，不对孩子个人进行表扬或批评。这种表演不同于孩子原有的日常生活，也许能改变孩子情绪表达的固有形式，让孩子学会一些全新的情绪表达方式。

 抓住细节演绎

家长在读到书中某一页时可以暂停，引导孩子使用自己的面部表情、动作、语音、语调表演这个故事情节，也可以让孩子补充一些语言来解释自己正在做什么。比如，在亲子共读《鳄鱼怕怕，牙医怕怕》时，加入亲子演绎的成分。如果有一只鳄鱼去看牙医，会发生什么事情呢？小鳄鱼捂着自己的半边脸，皱着眉头走在路上，心里闷闷不乐，鳄鱼心想："我真的不想看到他。"他继续往前挪着小步子，垂头丧气，耷拉着眼皮说，"但是我非看不可。"小鳄鱼走得要多慢有多慢，但是他还是到了这个地方，牙医诊所！他按响了门铃。牙医听见门铃声，看见一个鳄鱼的身影，心想："我真的不想看到他，但是我非看不可。"于是一场鳄鱼和牙医之间的心理较量开启了。他们相互惧怕，可是那颗蛀牙把他们凑到了一起。凶恶的鳄鱼只得乖乖听牙医的摆弄，而红脸的牙医也只能壮着胆子上。

亲子双方可用简单、反复的台词，刻画出鳄鱼和牙医每时每刻戏剧性的心理变化。家长可以先清晰地示范一遍，然后第二遍让孩子读牙医这个角色的台词。因为鳄鱼和牙医的台词很相似，所以类似于跟读。第三遍可以鼓励孩子加入更加丰富的感情来念台词，演绎鳄鱼和牙医从互相畏惧，到互相释怀，到互相鼓励的复杂心情。这样可以很好地锻炼孩子的语言表达能力，也加深他对故事的理解。

四岁的锋锋脾气比较暴躁，常在幼儿园和小朋友发生冲突，有时候一生气还会推人或打人。老师担心他的攻击行为影响到班级的和谐氛围，希望妈妈及时帮助孩子调整。妈妈非常重视老师反映的这个问题，也觉得锋锋最近在家里有些霸道，很容易发脾气，于是从绘本馆借来《我的感觉——我好生气》。这本书讲述了一只小兔子遭受许多不顺心的事，比如被人嘲笑、受人误会等，他感到非常生气，体验到生气是一种火辣辣的感受，甚至萌生想要伤害别人的念头。但小兔子通过深呼吸，离开令他生气的场所，接受无法改变的事实，排解自己内心的愤怒。

妈妈把故事讲完一遍之后，又翻到描述小兔子生气的一页，书中写道："怒气是一种强烈的、热血沸腾的感觉。"妈妈说："我们一起演一下小兔子生气的故事吧。"于是，锋锋演起了生气的小兔子，他双手握拳，眼睛瞪得大大的，还自言自语地补充说"背后还有黑压压的乌云和电闪雷鸣"。于是妈妈帮他加入雷电声效，母子俩都很投入。当演绎小兔子遇到让他感到生气的事时，小兔子怒火冲天的神情，牵引出锋锋内心的愤怒感。然而，当锋锋看到小兔子向人表达内心的不满，平息怒气，冷静地理清事情真相后，锋锋内心原本的愤怒情绪也慢慢缓和下来。经过多次的亲子表演，锋锋不像以前那么暴躁啦。

 重视人际互动

戏剧化表演能很好地提升孩子的情绪调节能力和社交能力。尤其对于有两个孩子的家庭，孩子之间容易产生冲突，如果缺乏处理冲突的能力，那么同胞关系就会恶化。家长可以在亲子共读时，演绎一些处理冲突的不同方式，让孩子学会自己解决矛盾冲突。在故事中遇到冲突时，让孩子想一想出现冲突的人物感受，想一想人物会说什么，模仿人物的语气说话。为了挖掘孩子潜在的表演天赋，家长还可以先示范朗读矛盾双方的对话，表达不同的情绪。引导孩子思考人物的感受与体验。

在二胎家庭，当大宝和二宝出现意见分歧时，比如一个想看《小猪佩奇》，一个想看《爱冒险的朵拉》，可以通过商量的方式，约定规则，最终达成一致意见，避免争吵。家长先让两个孩子知道冲突的原因所在，比如在上面的例子中，两人都想让妈妈读自己喜欢的绘本，但是妈妈只能一次读一本绘本，这就是冲突出现的原因。然后引导大宝和二宝商量解决的方法，比如先看一本《小猪佩奇》，再看一本《爱冒险的朵拉》,使双方达成一致意见。

家长要仔细观察孩子在实际生活中能否学会这些解决问题的方法与策略,并在孩子实施这些策略解决冲突时及时给以正面强化。比如,当弟弟看到哥哥拥有一个新玩具时,弟弟也想玩那个玩具,这个时候两个人开始争抢玩具,最后哥哥提出两个人一起玩或者轮流玩的解决策略,这就是在协商处理冲突。这时家长可以对两个孩子说:"我们家的两个宝宝真棒,已经学会想办法解决问题了!"这样一句看似简单的话,对于孩子来说却有着非凡的意义,孩子受到正面强化后,下次发生类似的事情时,会更倾向于采用这种协商的方式解决。另外,父母也可以故意装作不知道,询问孩子是怎么解决冲突的,让孩子更有意识地表达自己的行为选择。

哥哥和弟弟在家里常打架,闹得"人仰马翻"。妈妈买了一本绘本叫《有你,真好》,温柔地诠释了人际关系中的接纳与陪伴、付出与关爱、依赖与改变。妈妈希望这些丰富的情感体验帮助两兄弟在日常互动中学会珍惜,也希望借助这个故事,让两个男孩练习不同的社交技能和情感表达。故事里独居在小山丘上的大野狼,面对闯进地盘的小野狼,抱着猜疑和排斥的态度。后来大野狼逐渐习惯了小野狼的存在。当大野狼外出返回山丘,却不见小野狼的踪影时,他开始感到忐忑不安,寝食难安地在小山丘上等待小野狼。经过漫长的等待,小野狼终于回到了小山丘,从此两只狼约定往后要陪伴彼此,成为一辈子相互依靠的好朋友。

妈妈邀请哥哥扮演"大野狼",弟弟扮演"小野狼",让他俩演绎大野狼初遇小野狼时的不安与猜忌。哥哥用愤怒的语气读了大野狼的台词。妈妈表扬哥哥说:"你的语气能让我感觉到大野狼很生气。"后来,弟弟用兴奋和期待的语气读出了大野狼欢迎小野狼回来时小野狼的台词，妈妈也表扬弟弟："你表演出的兴奋很符合此时小野狼的感受。"

妈妈希望孩子学会处理冲突的技能。他们假装家里有人送来一只烤羊腿，大野狼和小野狼都想要吃掉整个烤羊腿。妈妈问："你们可以怎么把故事演下去？"哥哥说："我是大野狼，小野狼比我小，我愿意让小野狼吃那个烤羊腿。"妈妈表扬大野狼的谦让行为："你这么疼爱小野狼，他一定会很喜欢你的。"然后妈妈又问："如果大野狼不肯让步，两只狼都想吃掉烤羊腿，那该怎么办呢？"弟弟回答："可以用剪刀石头布决定，谁赢了就吃掉那只烤羊腿。"妈妈表扬弟弟提出的这种协商方法，接着问："如果大野狼和小野狼都非常想尝尝烤羊腿呢？"哥哥说："大野狼和小野狼可以轮流一人咬一口烤羊腿。"

 体会内心世界

表演需要孩子不断体会角色的感受，了解角色的信念、愿望和动机，从而使自己的表情和动作与角色相符。孩子在演绎中代入角色、塑造角色，需要不断调动理解他人的能力。事实上，儿童玩假装游戏（如"过家家"），或者想象自己是一个虚拟角色，都有助于他们理解他人的心理状态。有研究者比较了接受为期一年表演训练的孩子与接受其他形式艺术训练（如音乐训练）的孩子，在共情能力上的差别。结果发现，相比于其他形式的艺术训练，表演训练更能提高孩子这方面的能力。

当当在幼儿园里非常不合群，不会邀请其他小朋友一起玩，习惯用抢玩具的方式引起小朋友的注意。他对于小朋友的一些善意的表现，不知道如何回应，不时会把小朋友搞哭。爸爸买来一本叫《石头汤》（马西娅·布朗创作的版本）的绘本，希望提升当当的社交技能。

　　故事发生在一个村子里。因为经历饥荒、洪水、战争等各种灾难的摧残，村民相互猜忌，不愿接纳任何人。三个士兵在打完仗返家的途中又饿又累，挨家挨户讨吃的，并且希望能借宿，可村民们都说没吃的东西，也没住的地方。士兵们突然想到一个妙招，向村民宣布，要用石头做一锅美味的汤。起初，只有一位村民愿意拿出家中的炊具。士兵们准备完木柴和一口大锅后，真的开始用三块大石头煮汤。为了使汤的味道更鲜美，他们向村民们要了一点佐料。村民们因为好奇想知道石头汤是不是美味，陆续加入提供食材的行列。一锅神奇的石头汤就这样熬好了。最后，村民们一起共享丰盛的石头汤，原本疏离的村民也开始接纳彼此了。

　　于是，当当扮演村民，爸爸扮演士兵，演绎士兵邀请村民参与煮石头汤的情景。爸爸说："煮传统风味的石头汤，加点儿盐和胡椒粉，味道会更香。可是我们没带。"当当期待地说"我家有盐和胡椒粉。"当当赶紧假装去拿盐和胡椒粉。爸爸假装尝了尝汤，说："上次我们煮这么大、这种颜色的石头时，还放了些胡萝卜，那汤可真甜。"当当兴奋地说："胡萝卜？我家可能有！"当当就抱回来许多胡萝卜，多得都快抱不住了。他把胡萝卜放进大锅。父子俩感叹："呵！真是一锅好汤！"

　　爸爸见当当进入表演的状态，就让当当继续演一些日常生活中的情节。爸爸假装有一个好玩的新玩具，当当假装想一起玩这个新玩具。当当二话不说直接抢过玩具。爸爸耐心引导："你这样直接抢走我的玩具，我会很难过。你可以跟我商量一下。"当当不知道怎么商量。爸爸笑着说："你可以让我邀请你一起玩。"当当想了想，说：

"爸爸，可以让我和你一起玩玩具吗？"爸爸就问："为什么呀？"当当说："因为我很想玩那个玩具，玩了它，我会很开心。"爸爸说："没错，如果你说明想这样做的原因，那我更容易答应你的请求。"

亲子共读中的戏剧化表达其实类似于集体心理治疗中的心理剧疗法。在心理剧里，治疗师是导演，接受治疗的人在剧中演绎生活中遇到的问题，另外还有接受过训练的演员和治疗师协助演出。治疗师帮助需要治疗的人，把心理事件通过即兴表演和自发表演的方式将难以言传的复杂情感状态表达出来。这种方式有助于被治疗者减少习惯性的心理防御，突破原有的心理障碍，加深自我认识，并有效地唤起创造力、自发性和想象力。美国当代心理学家弗莱德·纽曼在著作《一生中的表演——实现快乐人生的实践哲学》中提出，人和动物的主要差别之一在于，人有能力选择自己想要成为什么样的人。这种对行为方式的选择就是一种创造性的表演，使得人们在表演中获得成长。

附 录

解决常见育儿难题的书单

表1 针对孩子胆小自卑的书单

书名	作译者	出版社
《我好害怕》	[美] 科尼莉亚·莫德·斯佩尔曼 著 [美] 凯西·帕金森 绘、黄雪妍 译	电子工业出版社
《我好担心》	[美] 凯文·亨克斯 著/绘 方素珍 译	河北教育出版社
《魔法亲亲》	[美] 奥黛莉·潘恩 文 [美] 茹丝·哈波 南西·理克 图 刘清彦 译	明天出版社
《形状游戏》	[英] 安东尼·布朗 文/图 宋珮 译	河北教育出版社
《幼儿园里我最棒》	[加] 詹妮弗·劳埃德 著 [加] 秦冷 绘；徐辰 译	北京科学技术出版社
《从前有个小孩》	[德] 詹姆斯·克吕斯 文 [德] 安克·库尔 图 王星 译	明天出版社
《小熊宝宝绘本——你好》	[日] 佐佐木洋子 文/图 蒲蒲兰 译	新世纪出版社
《朱家故事》	[英] 安东尼·布朗 文/图 柯倩华 译	河北教育出版社

附录　解决常见育儿难题的书单

表2　针对孩子多动问题的书单

书名	作译者	出版社
《古利和古拉大扫除》	［日］中川李枝子 文 ［日］山胁百合子 图 李颖 译	南海出版公司
《看里面—— 揭秘汽车》	英国尤斯伯恩出版公司 编著 景佳 译	接力出版社
《小象帕欧交往 启蒙图画书： 大家一起来刷牙》	［日］仲川道子 著 张美秀 译	接力出版社
《噼里啪啦： 我去刷牙》	［日］佐佐木洋子 编绘	二十一世纪出版社
《可爱动物操》	方素珍 文　郝洛玟 图	河北教育出版社
《小金鱼逃走了》	［日］五味太郎 著 ［日］猿渡静子 译	新星出版社
《猜猜我有多爱你》	［爱尔兰］山姆·麦克布雷尼 文 ［英］安妮塔·婕朗 图 梅子涵 译	明天出版社
《玛蒂娜学游泳》	［比］吉贝尔·德莱雅 文 ［比］马塞尔·马里耶 图 戴露 译	湖北美术出版社

表3　针对孩子叛逆好胜的书单

书名	作译者	出版社
《狮子不怕打针》	［美］霍华德·博尼特 著 ［美］迈克尔·韦伯 绘 左右妈 译	化学工业出版社
《从头动到脚》	［美］艾瑞·卡尔 文/图 林良 译	明天出版社

（续）

书名	作译者	出版社
《我觉得自己很棒》	[美] 科尼莉亚·莫德·斯佩尔曼 著 [美] 凯西·帕金森 绘 黄雪妍 译	电子工业出版社
《中国神话绘本》	歪歪兔童书馆 出品	海豚出版社
《三只小猪盖房子》	[法] 玛丽·莫瑞 编绘 宋箫 译	现代出版社
《妈妈，你好吗?》	[日] 后藤龙二 文 [日] 武田美穗 图 蒲蒲兰 译	二十一世纪出版社
《妈妈不知道我的名字》	[美] 苏珊·威廉斯 文 [美] 安德鲁·莎奇 图 杨华京 译	北京联合出版公司
《不要，不要，妈妈不要!》	[日] 天野庆 文 [日] 滨野祐佳 图 彭懿 译	北京联合出版公司

表4　针对孩子沉迷电子产品的书单

书名	作译者	出版社
《我的感觉——我好难过》	[美] 科尼莉亚·莫德·斯佩尔曼 著 [美] 凯西·帕金森 绘 黄雪妍 译	电子工业出版社
《谁藏起来了》	[日] 大西悟 文/图 蒲蒲兰 译	二十一世纪出版社
《爱书的孩子》	[澳] 彼得·卡纳沃斯 著 方素珍 译	浙江少年儿童出版社
《我喜欢书》	[英] 安东尼·布朗 文/图 佘治莹 译	河北教育出版社

附录　解决常见育儿难题的书单

（续）

书名	作译者	出版社
《如果我是一本书》	［葡］何塞·雷迪亚 著 ［葡］安德烈·雷迪亚 绘 彭力 译	浙江少年儿童出版社
《莎娜想要演马戏》	［德］古德荣·梅布斯 文 ［德］昆特·布霍茨 图 王星 译	北京联合出版公司
《大脚丫跳芭蕾》	［美］埃米·扬 文/图 柯倩华 译	河北教育出版社
《花婆婆》	［美］芭芭拉·库尼 文/图 方素珍 译	河北教育出版社

表5　针对孩子太乖、缺乏个性的书单

书名	作译者	出版社
《本草纲目：少儿彩绘版》	王秋玲 著 斯琴图 绘	接力出版社
《根娃娃》	［德］辛茈·冯·奥尔弗斯 著 杨福久 译	北京联合出版公司
《小牛的春天》	［日］五味太郎 著 ［日］猿渡静子 译	北京联合出版公司
《菲菲生气了——非常、非常的生气》	［美］莫莉·卞 文/图 李坤珊 译	河北教育出版社
《一园青菜成了精》	熊亮 著/绘	天津人民出版社
《汤米成长记——飞奔的汤米》	［芬］克里斯蒂娜·洛希 著 劳燕玲 译	安徽少年儿童出版社
《世界上最美的儿童歌曲绘本》	［法］格格斯雷加特 等 著 ［法］比阿特丽斯·阿尔马格纳 等 绘 王珺 译	连环画出版社
《米菲的梦》	［荷］迪克·布鲁纳 著 童趣出版有限公司 编译	人民邮电出版社